会计三板斧

第 2 版

◆ 段 侠 / 著

中国财经出版传媒集团

经济科学出版社
Economic Science Press

图书在版编目（CIP）数据

会计三板斧/段侠著.—2版.—北京：经济科学出版社，2017.5

ISBN 978-7-5141-7810-4

Ⅰ.①会… Ⅱ.①段… Ⅲ.①会计学 Ⅳ.①F230

中国版本图书馆CIP数据核字（2017）第042537号

责任编辑：周国强　张　蕾
责任校对：杨　海
责任印制：邱　天

会计三板斧

第2版

段　侠　著

经济科学出版社出版、发行　新华书店经销
社址：北京市海淀区阜成路甲28号　邮编：100142
总编部电话：010-88191217　发行部电话：010-88191522
网址：www.esp.com.cn
电子邮件：esp@esp.com.cn
天猫网店：经济科学出版社旗舰店
网址：http://jjkxcbs.tmall.com
北京季蜂印刷有限公司印装
710×1000　16开　20.25印张　330000字
2017年5月第2版　2017年5月第6次印刷
ISBN 978-7-5141-7810-4　定价：46.00元
（图书出现印装问题，本社负责调换。电话：010-88191510）
（版权所有　侵权必究　举报电话：010-88191586
电子邮箱：dbts@esp.com.cn）

再版序

这本书的第一版是在2012年出版的，先后加印了多次，从读者的反馈看，都认为很容易接受。

如今5年过去了，这期间国家出台了一些新的财税政策，最大的变化就是"营改增"。由于营业税被增值税取代，因此一般纳税人企业增多了，财政部对"应交增值税"的核算也做了专门的规定，变得更加复杂。此外资源税也改革了，消费税也增加了项目，有的税率也变动了。这些内容都在这次再版时做了更新。

不管怎么改，这本书仍然坚持三个特点：系统的知识、通俗的讲解、实用的例题。按日常工作程序写业务实例，最大的好处是学习时使初学者的思路更清晰，工作时更有参考价值。

但愿这最新的"会计三板斧"，能带你潇洒地驰骋疆场，最终成为会计豪杰！

"教练"的话

形容人有本事,都习惯说"你真有两下子"。作为会计,应该有三下子:记账、算账、报账。这好比会计的三板斧,你会"抡"了,就能当会计了。

你可能会说,现在有了财务软件,记账很容易啊。

可是,记账凭证里的内容还是需要人工录入啊。

你可能又说了,会计不仅要核算,还要监督啊。

你说对了,这些都是会计的职能。可是你不具备会计的基本功,哪来的监督力呢?

练就硬功夫,才是硬道理。这本《会计三板斧》,就是带着这个目的专门为你写的。

为了让你能看懂会计概念,我用口语代替专业术语;为了使你能快速上岗,我按账务流程讲业务实例;为了加强你的功力,我还专门给你配备了练功场。这么做的目的就是想充分调动你的眼、脑、手,让你边看、边想、边做,确保使你对会计工作从一窍不通到短期内融会贯通。

国家最近有个统计数据:在全国所有477万户企业中,小企业数量占97.11%。财政部要求大中型企业执行《企业会计准则》,小企业可执行《小企业会计准则》。我了解到很多同学毕业后多数进入了小企业,就根据《小企业会计准则》写了这本书。

最后,希望你练就一身好功夫,到工作岗位施展拳脚!

目　　录

第一板斧　记　　账

要领一　基本功夫 / 1
　　一、业务分类 / 2
　　二、分辨借贷 / 14
　　三、会计凭证 / 19
　　　　练功场 / 23

要领二　账务处理 / 23
　　一、工作流程 / 24
　　二、账务程序 / 25
　　三、日常账务 / 26
　　　　练功场 / 72

要领三　账簿登记 / 74
　　一、账簿种类 / 74
　　二、记账规则 / 84
　　三、记账实例 / 89
　　　　练功场 / 146

第二板斧 算　账

要领一　资产核算 / 147
　　一、货币资金 / 148
　　二、短期投资 / 152
　　三、应收款项 / 154
　　四、存货核算 / 157
　　五、长期投资 / 165
　　六、固定资产 / 169
　　七、生物资产 / 179
　　八、无形资产 / 184
　　九、长期待摊 / 186

要领二　负债核算 / 187
　　一、短期借款 / 187
　　二、应付款项 / 188
　　三、应付薪酬 / 190
　　四、应交税费 / 198
　　五、应付利润 / 230
　　六、其他应付 / 232
　　七、递延收益 / 233
　　八、长期借款 / 233

要领三　权益核算 / 235
　　一、实收资本 / 235
　　二、资本公积 / 236
　　三、盈余公积 / 237
　　四、本年利润 / 237
　　五、利润分配 / 239

要领四　成本核算 / 241
　　一、生产成本 / 241
　　二、制造费用 / 245
　　三、研发支出 / 247
　　四、工程施工 / 248
　　五、机械作业 / 250

要领五　损益核算 / 252
　　一、主营收入 / 252
　　二、主营成本 / 256
　　三、其他收入 / 258
　　四、其他成本 / 258
　　五、税金附加 / 259
　　六、投资收益 / 260
　　七、销售费用 / 262
　　八、管理费用 / 263
　　九、财务费用 / 266
　　十、利得损失 / 267
　　十一、所得税费用 / 269

第三板斧　报　账

要领一　财务状况 / 273
　　一、报表概述 / 273
　　二、编制方法 / 273
　　三、财务分析 / 278

要领二　经营成果 / 281
　　一、报表概述 / 281
　　二、编制方法 / 282
　　三、财务分析 / 285

要领三　现金流量 / 288
　　一、报表概述 / 289
　　二、编制方法 / 289
　　　　练功场 / 295

要领四　报表附注 / 295
　　一、附注作用 / 295
　　二、附注内容 / 295

附录一　【练功场】参考答案 / 300
附录二　小企业、微型企业划型标准 / 312
　　　　再说几句 / 314

第一板斧

记　　账

如果有人问你：会计是干吗的？你可能脱口而出：记账的呗。

不错，记账是会计的主要工作，怎样才能把账记好，那是有要领的。

这第一板斧，我先领你练基本功夫——了解会计要素、会计科目、借贷平衡，然后处理业务——熟悉业务程序、学做记账凭证，最后登记账簿——学习记账规则、了解期末结账。

要领一　基本功夫

练武的人都知道，基本功越扎实，将来进步越快。

在初学会计的路上有三道坎，一是借贷方向，二是会计科目，三是账务程序。这三个坎儿越过了，"会计基础"是没问题的；如果你会处理日常账务、核算产品成本、编制财务报表，那么"初级会计实务"就过关了；如果你把会计的业务扩展到税收筹划、财务管理，那么"中级会计实务"问题也不大了；如果你掌握了职业判断能力，那么距离高级会计师就不远了……把这些"如果"变成现实，你的功夫就练到家了。

话说回来，初学会计的需要练哪些基本功呢？

一、业务分类

会计的职能之一是核算，算什么呢？当然是企业的经济业务了。

企业的经济业务有很多种类，会计上有个专业术语叫"会计要素"。

（一）会计要素

为了便于核算，我们把企业所有的业务划分出六大类——资产、负债、所有者权益、收入、费用、利润，这些都是会计核算的对象。

其中前三个要素是反映企业财务状况的，也就是企业自己现存的、外欠的、剩余的。后三个要素是反映企业经营成果的，能看出企业收支及盈亏情况。

下面我用通俗的语言介绍这些专业名词，不一定很严密，但保证你能看得懂，能帮助你消化理解。

1. 资产

资产是企业拥有或控制的、预期会给企业带来经济利益的资源。包括流动资产和非流动资产，比如货币、商品、设备、专利权、著作权等。

2. 负债

企业欠别人的而没有支付的就是负债。比如欠银行的贷款、欠商家的货款、欠员工的工资款、欠税务机关的税款，等等。

3. 所有者权益

资产减去负债就是所有者权益，也叫净资产。比如投资者的投资、经营后剩余的利润等。

上述三个会计要素组成了第一个会计恒等式：

$$资产 = 负债 + 所有者权益$$

这个等式就像天平，必须是平衡的，左边的分量增加了，右边一定要加砝码。

例如，20××年1月，企业投资者投入10万元，购置设备需要13万元，钱不够怎么办？又外借5万元，买完设备后剩余2万元货币资金。

其中，这13万元的设备和2万元的存款是资产，借来的5万元是负债，15－5＝10（万元），这10万元就是所有者权益。这三个大项目也组成了资产负债表。

把数据填在资产负债表里如表1－1所示。

表1－1　　　　　　　　　　资产负债表

会小企01表

编制单位：三板斧制造有限公司　　20××年1月31日　　　　　　单位：元

资产	行次	期末余额	年初余额	负债和所有者权益	行次	期末余额	年初余额
流动资产：				流动负债：			
货币资金	1	20 000		短期借款	31	50 000	
短期投资	2			应付票据	32		
应收票据	3			应付账款	33		
应收账款	4			预收账款	34		
预付账款	5			应付职工薪酬	35		
应收股利	6			应交税费	36		
应收利息	7			应付利息	37		
其他应收款	8			应付利润	38		
存货	9			其他应付款	39		
其中：原材料	10			其他流动负债	40		
在产品	11			流动负债合计	41	50 000	
库存商品	12			非流动负债：			
周转材料	13			长期借款	42		
其他流动资产	14			长期应付款	43		
流动资产合计	15	20 000		递延收益	44		
非流动资产：				其他非流动负债	45		
长期债券投资	16			非流动负债合计	46		
长期股权投资	17			负债合计	47	50 000	
固定资产原价	18	130 000					
减：累计折旧	19						
固定资产账面价值	20	130 000					
在建工程	21						
工程物资	22						
固定资产清理	23						

第一板斧　记账

续表

资产	行次	期末余额	年初余额	负债和所有者权益	行次	期末余额	年初余额
生产性生物资产	24			所有者权益（或股东权益）：			
无形资产	25			实收资本（或股本）	48	100 000	
开发支出	26			资本公积	49		
长期待摊费用	27			盈余公积	50		
其他非流动资产	28			未分配利润	51		
非流动资产合计	29	130 000		所有者权益（或股东权益）合计	52	100 000	
资产总计	30	150 000		负债和所有者权益（或股东权益）总计	53	150 000	

单位负责人： 　　财会负责人： 　　复核： 　　制表：

先看左边，看"资产"的项目——货币资金、应收账款、固定资产、无形资产等，这些就像我们的家产，又是房屋又是家具的；再看右边"负债"的项目——短期借款、应付账款、应交税费、应付利润等，这些都是欠别人的，就像我们欠人家的钱一样；"所有者权益"就是把家里的东西，去掉还给人家的，剩下才是真正属于自己的。

根据我们举的简单例子，左边的"资产总计"是 150 000 元，右边的"负债和所有者权益和计"也是 150 000 元，左右相等。

4. 收入

凡是企业日常的经营收入，不管是主营业务还是其他业务，都叫收入。

5. 费用

因为经营耗费导致经济利益的流出，就是费用。包括成本支出和费用支出。

6. 利润

收入减去费用就是利润。

这样又出现了第二个会计恒等式：

$$收入 - 费用 = 利润$$

这又是一个天平，等号的左边增减变化了，右边一定会同等变化。

例如，20××年1月，企业生产出产品后，本月出售部分产品，收入

26万元（不含税）。这批产品的成本是15万元，房租费、管理人员工资、办公费等支出7.9万元，税金0.1万元，月末算账后赚了3万元。这26万元是收入，15万元加上8万元是费用，剩下的3万元就是利润。因为所得税是季度预缴、年末汇算清缴，这里先不考虑。

这三个要素组成了利润表，见表1-2。

营业收入、营业利润、利润总额、净利润，营业收入减去营业成本、期间费用等于营业利润。因为没有营业外收支，所以利润总额也是30 000元。

上面六个会计要素只是把经济业务进行粗略的划分，而每一项业务还要细分类，这就是会计科目。

为了直观地认识它们，我画了一张"企业经济业务形象树"，把会计要素和会计科目的关系用两棵树表现出来（见图1-1）。

表1-2　　　　　　　　　利　润　表

会小企02表

编制单位：三板斧制造有限公司　　　2012年1月　　　　　　　　　　单位：元

项　目	行次	本期累计金额	本月金额
一、营业收入	1		260 000
减：营业成本	2		150 000
税金及附加	3		1 000
其中：消费税	4		
城市维护建设税	5		700
资源税	6		
土地增值税	7		
城镇土地使用税、房产税、车船税、印花税	8		
教育费附加、矿产资源补偿费、排污费	9		300
销售费用	10		
其中：商品维修费	11		
广告费和业务宣传费	12		
管理费用	13		79 000
其中：开办费	14		
业务招待费	15		
研究费用	16		
财务费用	17		

续表

项　目	行次	本期累计金额	本月金额
其中：利息费用（收入以"－"号填列）	18		
加：投资收益（损失以"－"号填列）	19		
二、营业利润（亏损以"－"号填列）	20		30 000
加：营业外收入	21		
其中：政府补贴	22		
减：营业外支出	23		
其中：坏账损失	24		
无法收回的长期债券投资损失	25		
无法收回的长期股权投资损失	26		
自然灾害等不可抗力因素造成的损失	27		
税收滞纳金	28		
三、利润总额（亏损总额以"－"号填列）	29		30 000
减：所得税费用	30		
四、净利润（净损失以"－"号填列）	31		30 000

单位负责人：　　　　财会负责人：　　　　复核：　　　　制表：

图 1-1　企业经济业务形象树

第一棵树叫"财务状况树"。三个树杈分别是资产、负债、所有者权益。每一个树杈上有很多的树枝，有银行存款、库存商品、应收账款、固定资产、应交税费、应付职工薪酬等，这些都是会计科目。树枝上的树叶就是明细科目，应收账款里有客户名称、固定资产里有设备名称，等等。

第二棵树叫"经营成果树"。三个树杈分别是收入、费用、利润。每一个树杈上也有很多的树枝，有主营业务收入、主营业务成本、管理费用、所得税等会计科目。树枝上的树叶就是明细科目，管理费用里有办公费、工资、招待费，销售费用里有广告宣传费、运输费、展览费等。

（二）会计科目

会计在日常工作中，打交道最多的就是会计科目。

会计科目对会计要素做出了更多更详细的项目，前面那两个账务报表中的各"项目"就是会计科目。

在《小企业会计准则》里，会计科目分为五大类——资产类、负债类、所有者权益类、成本类、损益类。而在《企业会计准则》里是六类，多了一个共同类。

共同类科目是指既有资产性质又有负债性质，究竟是什么性质的科目要看余额方向。这些科目是给金融企业或者持有金融衍生工具的企业准备的，一般的企业用不着。

你发现没有，会计科目与会计要素的分类有点不同：没有费用类和收入类。

再对比一下：

会计要素分六类——资产、负债、所有者权益、收入、费用、利润。

会计科目分五类——资产、负债、所有者权益、成本类、损益类。

因为利润是根据"损益类"科目计算出来的，所以，在会计科目里，就把会计要素里的"收入、费用、利润"归纳到了"损益类"。另外，有的企业需要核算成本，比如工业、施工建筑业；有的企业不需要核算成本，比如商业、服务业。因此在会计科目中"成本类"是单独体现的。这样一对比两者的关系就更清晰了。

《小企业会计准则》里的会计科目只有66个，而《企业会计准则》里有156个会计科目，适合各个行业使用。

你可能觉得会计科目太多了，记不住。其实它们的名称与核算的内容很贴切，你了解了业务，就记住了科目。

比如，出纳员金库里的人民币，就是"库存现金"。用于出售的商品，就是"库存商品"。计提的应该交纳税金,就是"应交税费"。

下面我就用一句话讲解会计科目。虽然不够严谨,但是通俗易懂,便于你理解和记忆。

1. 资产类

(1) 库存现金。

由出纳员保存的用于发放工资或零星开支的人民币或外币,叫"库存现金"。

(2) 银行存款。

存放在开户银行用于收支转账的货币,叫"银行存款"。

(3) 其他货币资金。

库存现金和银行存款以外的资金,叫"其他货币资金"。

上述三个科目统称"货币资金"。

在资产负债表里,有一个单独的"货币资金"项目,填的就是上述科目的合计数。

(4) 短期投资。

持有不准备超过1年(含1年)的股票、债券、基金等投资,叫"短期投资"。

(5) 应收票据。

因销售商品或提供劳务收到的商业汇票,叫"应收票据"。

(6) 应收账款。

因销售商品或者提供劳务应收的款项,叫"应收账款"。

(7) 预付账款。

按照合同规定预付的款项,叫"预付账款"。

(8) 应收股利。

应收取被投资单位的现金股利或利润,叫"应收股利"。

(9) 应收利息。

债券投资应收取的利息,叫"应收利息"。

(10) 其他应收款。

除上述应收款以外的应收款项,叫"其他应收款"。

(11) 材料采购。

采用计划成本核算材料的采购成本,叫"材料采购"。

（12）在途物资。

采用实际成本核算尚未到达或尚未验收入库的各种物资，叫"在途物资"。

（13）原材料。

库存里的各种材料，叫"原材料"。

（14）材料成本差异。

采用计划成本核算的材料计划成本与实际成本的差额，叫"材料成本差异"。

（15）库存商品。

库存里各种商品，叫"库存商品"。农、林、牧、渔业叫"农产品"。

（16）商品进销差价。

采用售价进行日常核算的商品售价与进价之间的差额，叫"商品进销差价"。

（17）委托加工物资。

委托外单位加工的各种材料、商品等物资，叫"委托加工物资"。

（18）周转材料。

包装物、低值易耗品，以及建筑业的钢模板、木模板、脚手架等，叫"周转材料"。

（19）消耗性生物资产。

生长中的大田作物、蔬菜、用材林以及存栏待售的牲畜等，叫"消耗性生物资产"。

以上科目——"材料采购""在途物资""原材料""材料成本差异""生产成本""库存商品""商品进销差价""委托加工物资""周转材料""消耗性生物资产"，统称"存货"。编制资产负债表时，在"存货"项目里，填写上述科目的合计数。

（20）长期债券投资。

准备持有 1 年以上的债券投资，叫"长期债券投资"。

（21）长期股权投资。

准备持有 1 年以上的权益性投资，叫"长期股权投资"。

（22）固定资产。

为生产产品、提供劳务、出租或经营管理而持有的，使用寿命超过 1 年的有形资产，叫"固定资产"。

（23）累计折旧。

固定资产使用寿命内分摊的折旧额，叫"累计折旧"。

（24）在建工程。

需要安装的固定资产、固定资产新建工程、改扩建工程，叫"在建工程"。

（25）工程物资。

为在建工程准备的各种物资，叫"工程物资。"

（26）固定资产清理。

处置固定资产，叫"固定资产清理"。

（27）生产性生物资产。

为生产农产品、提供劳务或出租等目的持有的生物资产，叫"生产性生物资产"。

（28）生产性生物资产累计折旧。

成熟生产性生物资产的累计折旧，叫"生产性生物资产累计折旧"，是"生产性生物资产"的备抵科目。

（29）无形资产。

为生产产品、提供劳务、出租或经营管理而持有的、没有实物形态的资产，叫"无形资产"。

（30）累计摊销。

在无形资产使用寿命内的摊销，叫"累计摊销"。

（31）长期待摊费用。

已提足折旧的固定资产的改建支出、经营租入固定资产的改建支出、固定资产的大修理支出等，叫"长期待摊费用"。

（32）待处理财产损溢。

在清查财产过程中查明的各财产盘盈、盘亏和毁损价值，叫"待处理财产损溢"。

上述科目只要是"取得了"，就是增加，用"借"表示；"失去了"，就是减少，用"贷"表示，期末余额一般在借方，表示剩余的资产。而"累计折旧""生产性生物资产累计折旧""累计摊销"是调整科目，它们的余额方向与上述科目正相反，期末余额在贷方。

这里先对"借"和"贷"有个印象，别急，后面有详细讲解。

2. 负债类

（1）短期借款。

向银行等金融企业借的期限在1年内的借款，叫"短期借款"。

（2）应付票据。

因购买材料、商品和接受劳务等开支、承兑的商业汇票，叫"应付票据"。

（3）应付账款。

因购买材料、商品和接受劳务等应支付的款项，叫"应付账款"。

（4）预收账款。

按照合同规定预收的款项，叫"预收账款"。

（5）应付职工薪酬。

应付给职工的各种形式的报酬，叫"应付职工薪酬"。

（6）应交税费。

按税法规定应交纳的各种税费，叫"应交税费"。

（7）应付利息。

按合同约定应支付的利息，叫"应付利息"。

（8）应付利润。

应该分配给投资者的利润，叫"应付利润"。

（9）其他应付款。

除上述应付款以外的各种应付款，叫"其他应付款"。

（10）递延收益。

已经收到、应在以后期间计入损益的政府补助，叫"递延收益"。

（11）长期借款。

向银行或其他金融机构借入的期限在1年以上的各项借款本金，叫"长期借款"。

（12）长期应付款。除长期借款以外的其他各种长期应付款项，叫"长期应付款"。

上述负债类会计科目"发生了"就是增加，用"贷"表示；"结算后"就是减少，用"借"表示。期末余额一般在贷方，表示剩余的负债。

3. 所有者权益类

（1）实收资本。

投资者投入的注册资本，叫"实收资本"。股份公司叫"股本"。

（2）资本公积。

投资者出资超出其在注册资本中所占份额的部分，叫"资本公积"。

（3）盈余公积。

按公司法规定在税后利润中提取的法定公积金和任意公积金，叫"盈余公积"。

（4）本年利润。

当期实现的净利润或净亏损，叫"本年利润"。

（5）利润分配。

利润的分配（或亏损的弥补）和历年分配（或弥补）后的余额，叫"利润分配"。

上述所有者权益类会计科目，增加了是"贷"，减少了是"借"，期末余额一般在贷方，表示剩余的净资产。

4. 成本类

（1）生产成本。

工业性生产发生的各项成本，叫"生产成本"。

提供劳务发生的成本，叫"劳务成本"。

（2）制造费用。

生产车间为生产产品发生的各项间接费用，叫"制造费用"。

（3）研发支出。

进行研究与开发无形资产过程中发生的各项支出，叫"研发支出"。

（4）工程施工。

建筑业发生的各种工程成本，叫"工程施工"。

（5）机械作业。

建筑业及其内部独立核算的施工单位、机械站和运输队，使用自有施工机械和运输设备进行机械化施工和运输作业等发生的各项费用，叫"机械作业"。

上述会计科目发生了叫"增加"，用"借"表示，结转了叫"减少"，用"贷"表示，成本结算后无余额。

但是"工程结算"例外，平时分段结算工程款时在贷方，工程完工与"工程施工"科目全部对冲后无余额。

接着应该讲解损益类的会计科目。

为了让你容易分辨借和贷，我把"损"和"益"的科目分开讲。"损"就是损失，是费用，是支出；"益"就是收益，是利得，是收入。

因为月末结转利润的时候，损益类的科目要分开结转做凭证，所以这里分开讲也是有必要的。

5. 收入类

（1）主营业务收入。

销售商品或提供劳务的收入，叫"主营业务收入"。

（2）其他业务收入。

除主营业务之外的与经营相关的收入，叫"其他业务收入"。

（3）投资收益。

投资产生的收益或损失，叫"投资收益"。

（4）营业外收入。

非日常生产经营活动形成的经济利益的净流入，叫"营业外收入"。

说明一下，从会计的角度看，营业外收入虽然带有"收入"两字，但不符合"收入"的概念，是没有支出配比的净流入，属于利得。

上述科目，"获取了"是增加，用"贷"表示；"冲转了"就是减少，用"借"表示。月末将贷方的余额全部结转到"本年利润"的贷方后无余额。

6. 费用类

（1）主营业务成本。

与主营业务收入有关的支出，叫"主营业务成本"。

（2）其他业务成本。

与其他业务收入有关的支出，叫"其他业务成本"。

（3）税金及附加。

日常生产经营活动应负担的税费，叫"税金及附加"。

（4）销售费用。

销售商品或提供劳务时发生的费用，叫"销售费用"。

（5）管理费用。

为组织和管理生产经营发生的费用，叫"管理费用"。

"销售费用"、"管理费用"、"财务费用"统称"期间费用"，是不能计入生产成本的支出。

（6）财务费用。

为了筹集经营所需资金发生的费用，叫"财务费用"。

（7）营业外支出。

非日常生产经营活动发生的经济利益的净流出，叫"营业外支出"。

（8）所得税费用。

根据纳税所得额计算的税金，叫"所得税费用"。

上述科目，"支出了"是增加，用"借"表示；"结转了"就是减少，用"贷"表示。月末，将借方的余额全部结转到"本年利润"的借方后，无余额。

以上66个会计科目，我只是简单地介绍了一遍，后面结合实务再详细讲解。

会计科目一定要记准确了，最好张口就来。因为日常处理业务需要它，如果你张冠李戴，账务就乱套了。在财务软件里，你可以去选择科目，但是考试的时候需要你写科目。

会计科目也好记，因为每个会计科目核算的内容没有交叉的，每一项业务都有特定的科目。

这里我教你一招：利用财务报表来熟悉会计科目。

先看前面的资产负债表（表1-1）："资产"项下除了"货币资金"和"存货"，其余的都是会计科目；"负债"项下也都是会计科目，"所有者权益"项下的，除了"未分配利润"是"利润分配"的二级科目外，其余都是一级科目。

再看利润表（表1-2）：除了20、29、31栏以外，其他都是损益类会计科目以及其中的明细科目。

这样熟练一段时间后，见到具体业务就知道使用什么会计科目了。

二、分辨借贷

在学校的时候，老师总是把记账规则挂在嘴边："有借必有贷，借贷必相等。"作为初学者，如果把借和贷弄明白了，就像小学生学会了加减乘除，以后处理账务就全靠这俩家伙了。

(一) 何为借贷

会计记账使用的是借贷记账法，这里的"借"和"贷"是会计专有的记账符号。

20多年前我工作的时候，使用的是增减记账法，到了1993年才改为国际通用的借贷记账法。我觉得"借"和"贷"不如"增"和"减"容易理解。

一项经济业务一般要有两个以上的会计科目才能表达完整，这两个会计科目必须是一借一贷，而且借贷金额必须是相等的。有时候一借多贷或者一贷多借。不管什么情况，都要"借贷必相等"，这是记账规则。

使用会计科目的时候，什么时候用"借"，什么时候用"贷"，要根据经济业务来决定。

按会计要素说：资产、费用类的业务，增加是借，减少是贷；负债、所有者权益、利润类的业务，增加是贷，减少是借。

按会计科目说：资产、成本、费用类的会计科目，增加是借，减少是贷；负债、所有者权益、收入类的会计科目，增加是贷，减少是借。

因为我们处理业务使用的是会计科目，所以还是按科目来理解借贷更容易。

例如，从银行取现金1 000元。

分析：1 000元拿到手，现金增加了；现金是从银行账户里取出来的，存款减少了。因为"库存现金"和"银行存款"都是资产类科目，增加用"借"表示，减少用"贷"表示，借贷方的金额是相等的。

分录：

借：库存现金 1 000

　　贷：银行存款 1 000

反过来，如果把收到的现金2 000元存入银行账户，就是"库存现金"减少了，"银行存款"增加了。

分录：

借：银行存款 2 000

　　贷：库存现金 2 000

例如，购买办公用品支出2 600元，支付的是转账支票。

分析：转账支票属于"银行存款"，办公用品属于"管理费用"。前者是资产类科目，后者是费用类科目。两者的增加都是"借"，减少都是"贷"。支出2 600元是存款减少，贷记；购买2 600元用品是费用增加，借记。

分录：

借：管理费用　　　　　　　　　　　　　　　　　2 600
　　贷：银行存款　　　　　　　　　　　　　　　　2 600

例如，用银行存款缴纳了3 000元的税金。

分析：这笔税金是从银行账户里划走的，那一定是"银行存款"减少，贷记；缴纳的税金，使用"应交税费"科目，缴纳后是减少，要借记。

分录：

借：应交税费　　　　　　　　　　　　　　　　　3 000
　　贷：银行存款　　　　　　　　　　　　　　　　3 000

如果把业务联系起来更好理解：税金一般是上个月计提，意思是增加了"应交税费"，这个科目是负债类，增加记"贷"方。到了这个月缴纳完税金，这项负债减少了，就记在"借"方。

这里有个规律你要了解：处理账务的时候，你把一方的会计科目确定了，另一方的会计科目找对了，自然知道借贷了。

例如，在开户行用转账的方式给员工发放工资35 000元。

分析：从银行账户代发工资，一定是"银行存款"减少了，贷记准没错，那么另一方是"应付职工薪酬"科目，一定就是借记。

分录：

借：应付职工薪酬　　　　　　　　　　　　　　　35 000
　　贷：银行存款　　　　　　　　　　　　　　　 35 000

有些人可能不理解什么叫"增加"和"减少"。

以"应交税费"科目为例，把应该支付给国家的税金而没有付出叫"应交税费增加了"，计提的时候就是增加，需要"贷"记。税金支付以后，就叫"应交税费减少了"，就"借"记。

刚开始你可能要动动脑筋琢磨一下，等熟练后，交完税金看到缴款单据，就知道借记"应交税费"科目、贷记"银行存款"科目了。

（二）借贷练习

在会计账簿里，有一定的格式，用会计科目冠名的账页就叫"账户"，所以账户和科目通用。

比如，借贷记账法下的库存商品账户是这样的（见表1-3）。

表1-3

库存商品

借　方	贷　方	余　额

有的教材不把余额表现出来，只有借、贷两方，俗称"丁字账"，是账户的简化形式。像这样（见表1-4）：

表1-4

库存商品

借　方	贷　方

有的老师讲课的时候连"借方"、"贷方"也不写，就是这样（见表1-5）：

表1-5

库存商品

在这里要弄清楚两个概念：一个是发生额，另一个是余额。

比如，应收账款增加了1 800元，要借记；之后对方还款1 200元，要贷记。

借记的1 800元叫"借方发生额"。贷记的1 200元，叫"贷方发生额"。用大数减去小数：借方1 800元减去贷方1 200元，等于借方600元。这600元就叫"借方余额"。

用完整的账户表现就是这样（见表1-6）：

表 1-6

应收账款

借 方	贷 方	借或贷	余 额
1 800	1 200	借	600

账簿中，所有账户的借方发生额一定等于所有账户的贷方发生额，这样就体现出"借贷必相等"的规则了。同理，所有账户的借方余额一定等于所有账户的贷方余额。

从资产负债表里看得更清楚：左边的"资产"都是借方余额，右边的"负债和所有者权益"都是贷方余额。两边金额一定是相等的，也就是说是平衡的。

在前面的账户格式里，你已经看见了"借方"在前"贷方"在后。用分录的形式表述，就是"借"在上，"贷"在下，并且错开一个字的位置，学习的时候老师都是用这样方式讲解实务的。

还是做几个借贷练习吧。

（1）应收账款——A客户账上是借方余额58 000元，今天收到这家企业20 000元的转账。

分析：转账收到的是"银行存款"，它是资产类科目，增加用"借"。A客户还款，原来的"应收账款"就要做减少处理。"应收账款"是资产类科目，减少用"贷"。

分录：

借：银行存款　　　　　　　　　　　　　　　　　20 000
　　贷：应收账款——A客户　　　　　　　　　　　　20 000

（2）设计公司收到设计费1 000元现金。

分析：收到的现金，表明是"库存现金"增加，这是资产类科目，用"借"；设计公司收到的设计费，属于"主营业务收入"增加，这是收入类科目，用"贷"。

分录：

借：库存现金　　　　　　　　　　　　　　　　　3 000
　　贷：主营业务收入　　　　　　　　　　　　　　3 000

（3）小规模纳税人购买甲商品欠供应方B公司货款5 000元。

分析：商品购进了，是"库存商品"增加，资产增加在"借"方；欠B公司货款，是"应付账款"增加，负债增加在"贷"方。

分录：

借：库存商品——甲商品　　　　　　　　　　　　5 000
　　贷：应付账款——B公司　　　　　　　　　　　　5 000

以后再看见贷方的"应付账款"，你就知道是增加了，借方的"应付账款"一定是减少了。

为了加强记忆，看下面这个表格（表1-7）：

表1-7

会计科目	增加	减少
资产、成本、费用	借	贷
负债、所有者权益、收入	贷	借

有的书里介绍很多种发生借贷的情况，你不用死记硬背，只要把会计科目掌握准确了，知道增加和减少的含义，自然就会做记账凭证了。想想我们小时候刚学2+6的时候，要摆弄手指才能算出来，练过熟练后，一看就知道结果是8。

所以说学习借贷的时候别着急，都要有一个过程。时间长了就会熟中生巧，工作一样，考试也一样。

三、会计凭证

会计凭证有两种：一种是原始凭证，另一种是记账凭证。

原始凭证反映的是企业发生的经济业务，会计把它们归类后，用会计科目反映出来，就是记账凭证。

（一）原始凭证

会计接触的第一手业务资料叫"原始凭证"，会计通常叫它"单据"，有从外部取得的，也有企业自制的。企业的经济业务就是靠它们反映出来的。

1. 外来凭证

外来凭证有购货发票、出差车票、银行票证、缴税凭证、行政收据等。

会计审核的时候，首先要看外来的凭证是否真实合理；其次要看票据项目是否完整，大小写金额是否相符，有无涂改现象；最后看企业相关人员的审核手续是否完备，至少要有两名以上人员签字。

2. 自制凭证

自制凭证有工资表、出库单、入库单、领料单、折旧表、摊销表、成本计算单、对外开出的发票等。

上述单据很多都是手工填制，比如转账支票、收据等，会涉及数字金额。阿拉伯数字你一定会写，但数字用汉字大写你会吗？

下面是数字金额大写时用到的汉字：

零、壹、贰、叁、肆、伍、陆、柒、捌、玖、拾、佰、仟、万、亿、元、角、分、整。

这十几个字要写准确了，不然当一回会计不会大写金额多丢人。

写阿拉伯数字金额也有讲究，前面要加人民币的符号"￥"，符号后面紧接着就写金额，不能留空位。

汉字金额的前面要加"人民币"的字样，接着写汉字金额。"元"或"角"后面没有"分"的，要在结尾处写一个"整"字，嫌笔画多也可以写"正"字。数字金额"元"后面没有"角"、"分"的还可以画"－"代替。

原始凭证都是各部门报到财务部门的，会计要对这些票据进行审核，之后才可以报销、入账。

（二）记账凭证

会计根据原始凭证用会计科目做记账凭证，这也是记账的基础。

会计平时大量的工作都是填制记账凭证，书上介绍的记账凭证有三种——收款凭证、付款凭证、转账凭证。小企业使用通用的记账凭证就可以了。

教材上把企业的经济业务用会计分录的形式表示，考试的时候也采用这种表述方式。前面我们的举例做的都是分录。

比如，用现金购买打印纸支付500元。

借：管理费用——办公费　　　　　　　　　　　　500

　贷：库存现金　　　　　　　　　　　　　　　　500

在实际工作中，把分录落实到表格里，就是记账凭证。手工账下用笔填写在纸张上，电算账下用键盘输到财务软件里。

这里只介绍集收款凭证、付款凭证、转账凭证于一身的通用记账凭证。

1. 凭证填法

填制日期——可以写处理业务的日期，也可以写业务发生的日期。

凭证编号——每个月按顺序排号，财务软件是自动编号。

内容摘要——简明扼要地写清楚经济业务的内容。

总账科目——选择准确的一级科目。

明细科目——总账科目下的二级科目，没有的不用写。财务软件需要事先设置。

借方金额——借方科目的金额。

贷方金额——贷方科目的金额。

单据张数——原始凭证的张数。

人员签章——记账、审核、出纳、制单人员的名章或签字。财务软件自动出现事先设置的操作员。

记账符号——有人习惯打"√"，有人习惯写账簿的页码。财务软件记账后有"记账"的字样。

前面做的分录做在记账凭证里是这样（见图1-2）。

记 账 凭 证

20××年1月5日　　　　　编号___1___

摘　要	总账科目	明细科目	借方金额 百十万千百十元角分	贷方金额 百十万千百十元角分	记账 符号
购买打印纸	管理费用	办公费	5 0 0 0 0		
购买打印纸	库存现金			5 0 0 0 0	
	合　计		5 0 0 0 0	5 0 0 0 0	

会计主管　　　记账　　　审核　　　出纳　　　制单　程咬金

附单据 1 张

图1-2

看一下付款凭证的模样，有贷方科目，还有借方科目和金额，其他的项目一样都不少（见图1-3）。

付 款 凭 证

贷方科目：库存现金　　　　　　　20××年1月5日　　　　　　　第1号

摘　要	借方科目		金　额	记账符号
	总账科目	明细科目	千百十万千百十元角分	
购买打印纸	管理费用	办公费	5 0 0 0 0	
	合　计		5 0 0 0 0	

附单据 1 张

会计主管　　　记账　　　审核　　　出纳　　　制单　程咬金

图 1－3

收款凭证长得也一样，有借方科目，记的贷方科目和金额。

2. 附件要求

记账凭证的附件就是原始凭证。

比如，购买一批商品，会有开出去的转账支票存根、收到的增值税发票，还有运费发票、入库单，这是一笔业务。

一般来说，同一类的业务可以汇总做在1张记账凭证里。

比如，给汽车加油，司机加了3次才来报账，那么就有了3张汽油发票，这3张原始凭证可以处理为一笔业务，用汇总的金额，借记"管理费用"，贷记"库存现金"。

不是每一笔业务都需要原始凭证的。比如，月末结转的利润、更正错误的记账凭证，就不需要原始凭证，只要在摘要栏写清楚业务就可以了。

另外，附页的数量要查准了。

你可能不屑：我小学毕业了，查到100没问题。

不过你要知道会计的规矩：没有汇总表的原始凭证，按自然数；有汇总表的，按汇总表的页数。

3. 凭证审核

大中型企业的财务部门都有专门的审核人员，而一些小企业通常只有一两名会计，做完凭证便直接记账，一旦出现毛病就会留下后遗症。因此，不管是手工账还是电算账，做完记账凭证一定要审核。

审核的内容包括：摘要是否与原始凭证的业务相符，会计科目的选择是否正确，金额与原始凭证是否相符。如果记账凭证做的业务与以前的业务有关联，还要查看以前的账务。比如，收到一笔货款，你刚接手的账，不清楚这笔款原来挂在哪个账户，就要查一下，看是挂在"应收账款"还是在"应付账款"里，也可能是一笔新发生的"预收账款"。

学完这部分内容，应该做到看见原始凭证就知道使用什么科目，清楚借贷方向。当然，这也有个过程，就像小孩子学走路，刚开始腿脚总是不利索，锻炼时间长了，不但能走路，还能跑步呢。

【练功场】

1. 企业的经济业务分哪些类？
2. 两个会计平衡公式是什么？
3. 按类别写出全部会计科目。
4. 复习科目包含的业务内容。
5. 按会计科目分类，哪类增加记借方，哪类增加记贷方？
6. 在一笔业务里，判断可能性：
（1）只有两个资产类科目，可能同增同减吗？
（2）有一个资产类科目，有一个负债类科目，一定同增同减吗？
（3）有一个资产类科目，有一个收入类科目，可能一增一减吗？
（4）有一个资产类科目，有一个类成本科目，可能同增同减吗？
7. 记账凭证需要填哪些项目？
8. 每一笔业务都要做一张记账凭证吗？

要领二　账务处理

处理业务是会计必备的本领。

有人到了工作岗位不知从何入手。我告诉你，只要了解工作流程，知道账务程序，见到原始凭证会做记账凭证，心里就有底了。

在这个环节，我教你进一步熟悉会计科目，按业务流程系统地进行账务处理。

一、工作流程

当上会计后，应该知道做哪些工作，每天干什么、每月干什么、每年干什么，做到心里有数、遇事不慌。

（一）日常工作

会计的平时工作主要是处理账务。

（1）记录费用：包括日常的管理费用、销售费用、财务费用。

（2）核算存货：包括采购的材料，定额内的损耗，存货的取得和发出，成本的结转。

（3）管理固定资产：固定资产的计价，每月计提折旧，固定资产的处置。

（4）分配、发放工资：工资的审核和发放，按工资比例计算社会保险、个人所得税和工会经费。

（5）核对各项往来账：负责应收款、应付款账的核对和结算工作。

（6）核算生产成本：这是制造业的主要工作，平时要做好成本的基础数据收集，准确计算产品成本，编制成本分析报表。

（7）计算、缴纳税金：合理计算各种税金并按时申报缴纳。

（8）结转成本、利润：做损益类账户的结转，年末做利润的分配。

（9）编制财务报表：定期地编制财务报表，做好财务分析。

（二）每月工作

会计的工作基本是月复一月的小循环，每个月有忙有闲。

（1）月初，对内给员工发放工资，对外要申报纳税，包括流转税、附加税费、房产税、城镇土地使用税，代扣个人所得费，还要预缴企业所得税。小企业的所得税一般是按季度预缴的。

（2）平时处理账务，电算账要录入记账凭证，手工账要填制记账凭证、登记明细账。

（3）月末，不管是电算还是手工，都要对账、结转成本和利润、结账，最后编制财务报表。当然，使用财务软件的会省时省力。

一般纳税人的纳税工作稍显复杂：月初抄税、报税，月末要认证。

（4）整理装订记账凭证，记电子账的要打印成册。

（三）一年工作

会计的账是以公历年度来划分的，1月1日起至12月31日为一个会计年度，是会计工作的一个大循环。

上半年：一要进行财务决算，二要做企业所得税的汇算清缴，三要去工商局网站填写企业年度报告。

涉及车船税的，在缴纳交强险的时候同时缴纳。

没有安置残疾人就业的，还要按员工人数缴纳残疾人保障金。

每年需要检查的还有食品生产许可证、开户许可证、卫生许可证等与企业经营有关的证件。

有些企业每个季度还要去统计局或相关主管部门交报表，每年还有可能接受税务检查。

每年至少要做一次全面的财产清查。

年末，要把所有的会计档案整理归档。

你看，会计不仅仅只有记账那么简单，杂七杂八的事情多着呢。不过现在都用上了财务软件，已经把我们从烦琐的账务中解放出来，业务熟练后，应该把工作重心放在会计监督和财务管理上。

二、账务程序

有人说，我已经考取了会计证，工作后还是不知道从何入手。

其实你是不清楚账务的处理程序，准确地说你没有学以致用，没有融会贯通。因为账务处理程序在"会计从业资格"考试书里讲解得很细致、很全面了，不信你再回头翻翻《会计基础》。

我先把处理账务的程序介绍一下，以后随着业务的发生，再按照这个程序走，逐步就熟悉了。

总的来说，每个月账务的处理需要三大步。

第一步，根据原始凭证填制记账凭证；

第二步，根据记账凭证登记账簿；

第三步，根据账簿编制财务报表。

详细地说是这样：做凭证→记明细账→汇总→记总账→结转损益→结账→编报表。这也是每个月的工作顺序，周而复始。电算账是录凭证→记账→结转损益→结账→报表。

账务流程不难，做过一次就记住了，关键是账务处理，要反复实践才能运用自如。

在电算化普及的今天，账务处理的关键是录入记账凭证。

现在的会计知识都是以手工账为基础。拿改错来说，很多教材还在讲"红字更正法"、"划线更正法"。而在财务软件里，已经不存在这些说法了，也没有了传统的"红字"一说，连财务报表的红字都用"－"号代替了。

关于记账凭证的填制方法已经在"要领一"里做了详细讲解，会计账簿的登记将在"要领三"里讲解，这里主要学习记账凭证里的内容——账务处理。

三、日常账务

面对会计实务教材，你可能抱怨会计的业务太多了，学也学不完。工作后你会发现，每个月的业务几乎是重复的，而且很有规律。有的新手接任会计工作后，依照前任会计的账务处理也能很快上手。所以，你就不要有顾虑了。

下面，我尽量按工作程序讲解小企业日常的主要业务，涉及的会计科目都用账户的形式显示，这样更直观，以后工作时就不会感到陌生。

（一）资金收付

资金包括库存现金和银行存款，企业很多经济业务都是通过货币资金的收付来完成的。

货币资金涉及的会计科目：

1. 库存现金

库存现金用于职工工资、津贴、个人劳务报酬等零星支出。

收到的现金记借方，支付的现金记贷方，余额在借方（见表1-8）。

表1-8　　　　　　　　　　　　库存现金

借　方	贷　方	借或贷	余　额
从银行账户里提取现金；现金收入；收到零星款等	工资、奖金、差旅费、付给农民的货款、零星支出等	借	剩余的库存现金

2. 银行存款

企业主要的经营业务都会涉及"银行存款"科目。

收到款项的时候记借方，支付款项的时候记贷方，余额在借方（见表1-9）。

表1-9　　　　　　　　　　　　银行存款

借　方	贷　方	借或贷	余　额
收到客户的商品款或劳务费，收到前期外单位的欠款，收到银行贷款等	购买货物、支付费用、提取现金、支付欠款、还借款、代发工资等	借	剩余的款项

下面是货币资金的账务处理。

【例1-1】本月3日取现金2 000元，根据现金支票存根做记账凭证。

这个好理解吧？取现金，就是从企业的银行账户取出现金，作为零星用款或费用报销等。现金增加了，存款就减少了，一借一贷。这是出纳常做的记账凭证。

做在记账凭证里是这样（见图1-4）：

日期假设是20××年3月3日，编号是1号。摘要里写明是"提取现金"业务，确定会计科目，借贷方金额写对了，然后把金额"合计"下来。因为原始凭证是1张现金支票的存根，所以附页数是1张。最后签上制单人的姓名。

分录：

借：库存现金　　　　　　　　　　　　　　　　　2 000

　　贷：银行存款　　　　　　　　　　　　　　　　2 000

【例1-2】3日，用现金购买复印纸350元。根据经手人报来的复印纸发票，出纳支付现金后做记账凭证。

记 账 凭 证

20××年3月3日　　　　　　　　编号　1

摘要	总账科目	明细科目	借方金额 百十万千百十元角分	贷方金额 百十万千百十元角分	记账符号
提取现金	库存现金		2 0 0 0 0 0		
提取现金	银行存款			2 0 0 0 0 0	
	合　计		2 0 0 0 0 0	2 0 0 0 0 0	

附单据 1 张

会计主管　　　记账　　　审核　　　出纳　　　制单 程咬金

图 1-4

复印纸属于办公费用，费用增加，借记"管理费用"科目，用现金支付，贷记"库存现金"科目。

做在记账凭证里是这样（见图 1-5）：

记 账 凭 证

20××年3月3日　　　　　　　　编号　2

摘要	总账科目	明细科目	借方金额 百十万千百十元角分	贷方金额 百十万千百十元角分	记账符号
购买复印纸	管理费用	办公费	3 5 0 0 0		
支付现金	库存现金			3 5 0 0 0	
	合　计		3 5 0 0 0	3 5 0 0 0	

附单据 1 张

会计主管　　　记账　　　审核　　　出纳　　　制单 程咬金

图 1-5

分录：

　　借：管理费用——办公费　　　　　　　　　　350
　　　　贷：库存现金　　　　　　　　　　　　　　　350

【例 1-3】5 日，办公室的王立出差，借款 3 000 元，根据管理者批准的有王立（经手人）签字的借据支付现金后做记账凭证。

个人借款，增加"其他应收款"，记入借方；支付的现金，是减少"库存现金"，记入贷方。

为了节约版面，后面不做记账凭证了。

分录：

　　借：其他应收款——王立　　　　　　　　　3 000
　　　　贷：库存现金　　　　　　　　　　　　　　3 000

【例 1-4】11 日，王立回来后报销 2 800 元差旅费，返现金 200 元，清账。给王立开收据，根据收据记账联和差旅费报销单做记账凭证。

　　借：库存现金　　　　　　　　　　　　　　　200
　　　　管理费用——差旅费　　　　　　　　　2 800
　　　　贷：其他应收款——王立　　　　　　　　3 000

这是一贷多借的例子，因为返现金，"库存现金"增加了记在借方；差旅费属于"管理费用"，增加了也记借方；个人欠款结算清了，"其他应收款"减少了，贷记"其他应收款——王立"，这样余额就是零了，说明欠款结清。

【例 1-5】12 日，缴纳上月计提的增值税 1 253 元，城市维护建设税 87.71 元，教育费附加 37.59 元，地方教育费附加 25.06 元。根据"税收通用缴款书"做记账凭证。

　　借：应交税费——应交增值税　　　　　　1 253.00
　　　　　　　　——应交城市维护建设税　　　87.71
　　　　　　　　——应交教育费附加　　　　　37.59
　　　　　　　　——应交地方教育附加　　　　25.06
　　　　贷：银行存款　　　　　　　　　　　1 403.36

"银行存款"的金额最好是按缴款单的金额逐笔写在记账凭证里，这样月末与银行对账单核对的时候一目了然。

【例 1-6】21 日，收到 A 客户的前期欠款 28 000 元。根据汇款单做记账凭证。

收到了欠款,是银行存款的增加,记在借方。A客户购货欠款的时候,是"应收账款"增加,记在借方,现在还款后"应收账款"减少了,记在贷方。

借:银行存款　　　　　　　　　　　　　　　　　28 000
　　贷:应收账款——A客户　　　　　　　　　　　28 000

【例1-7】用转账支票支付前期欠B公司的货款36 800元。根据转账支票存根做记账凭证。

因为"应付账款"是负债类科目,增加的时候记在贷方,减少后记在借方。

借:应付账款——B公司　　　　　　　　　　　　36 800
　　贷:银行存款　　　　　　　　　　　　　　　　36 800

【例1-8】收到现金510元,是前期Y客户欠我们的商品款。

收到的现金,借记"库存现金"科目。前期Y客户欠我们的商品款,一定记在"应收账款"的借方,收到后要减少,记在原账户的贷方。

借:库存现金　　　　　　　　　　　　　　　　　510
　　贷:应收账款——Y客户　　　　　　　　　　　510

【例1-9】把上述收到的510元现金存到开户银行。

借:银行存款　　　　　　　　　　　　　　　　　510
　　贷:库存现金　　　　　　　　　　　　　　　　510

收到的现金要存到银行,这是规定。但很少有人执行了,基本都坐支了,严格讲这是违反规定的。

【例1-10】用现金支付电话费1 000元。根据通信公司的发票做分录:

借:管理费用——通信费　　　　　　　　　　　　1 000
　　贷:库存现金　　　　　　　　　　　　　　　　1 000

管理货币资金是出纳的工作范围,平时要掌握现金的额度,没有现金的时候要及时去开户银行取款。

有些业务涉及的会计科目很有规律。

比如,用现金支付行政部门的水电费:

借:管理费用
　　贷:库存现金

金额大的用银行存款支付:

借:管理费用
　　贷:银行存款

你看,"管理费用"经常与"库存现金"和"银行存款"碰面。这样的练习多了,以后看到类似业务拿过来就会做了。

如果你留心就会发现,我们前期取的 2 000 元现金早就超支了。这里只是练习作记账凭证,没有照顾业务的前后联系。

企业的经济业务多数都涉及货币资金,因此使用"库存现金"和"银行存款"科目的记账凭证很多,以后还会遇到,这里先介绍这么多。

(二) 资产取得

企业为了生产经营的需要,要购置很多的存货,还要购建固定资产,有的还会购买或自行开发无形资产等。

取得资产涉及的会计科目:

1. 原材料

原材料包括主要材料、辅助材料、外购半成品、修理用备件、包装材料、燃料等,也包括纸、绳、铁丝、铁皮等包装材料。

一般纳税人购买原材料或者设备的时候,获取的是增值税专用发票两张,一张据以记账的"发票联",一张用来抵扣税额的"抵扣联"。发票上有两笔金额,一笔是货款"金额",一笔是"税额",也就是进项税额,一般纳税人可以据此在销项税中抵扣。小规模纳税人获取的是增值税普通发票,没有抵扣联(见图 1-6)。因为小规模纳税人也不允许抵扣。

图 1-6 增值税普通发票示例

"原材料"的借贷余情况见表1-10。

表1-10　　　　　　　原材料

借　方	贷　方	借或贷	余　额
验收入库的实际成本	发生的成本	借	剩余的成本

2. 库存商品

库存商品包括工业的产成品、商业外购的商品、存放在门市部准备出售的商品、发出展览的商品以及寄存在外的商品，接受来料加工制造的代制品和为外单位加工修理的代修品，在制造和修理完成验收入库后，视同库存商品。

"库存商品"的借贷余情况见表1-11。

表1-11　　　　　　　库存商品

借　方	贷　方	借或贷	余　额
验收入库的商品成本	发出的商品成本	借	剩余的成本

3. 周转材料

周转材料包括包装物、低值易耗品，以及小企业（建筑业）的钢模板、木模板、脚手架等。

如果企业的低值易耗品和包装物比较多，可是单设"低值易耗品"和"包装物"这两个科目。单价低的周转材料，可以在领用时一次性摊销；单价高的可以分次摊销。分次摊销的周转材料在核算时，要按照其种类分别设置"在库"、"在用"和"摊销"三个明细科目。

"周转材料"的明细核算借贷余情况分别见表1-12、表1-13、表1-14。

表 1-12　　　　　周转材料——在库

借　方	贷　方	借或贷	余　额
购入、自制、委托外单位加工完成并验收入库的成本	领用的成本	借	在库的成本

表 1-13　　　　　周转材料——在用

借　方	贷　方	借或贷	余　额
从"在库"转入的成本	结转最后一笔摊销额	借	在用的成本

表 1-14　　　　　周转材料——摊销

借　方	贷　方	借或贷	余　额
最后一笔摊销额结转	摊销的成本	贷	摊销的成本

上述3个会计科目都是存货，它们的实际成本包括购买价款、加工成本、相关税费、运输费、装卸费、保险费以及其他可归属于存货采购成本的费用。

但是，批发业、零售业在购买商品过程中发生的费用，比如运输费、装卸费、包装费、保险费、运输途中的合理损耗和入库前的挑选整理费等，不记入"库存商品"科目，而是单独借记"销售费用"科目。

4. 工程物资

工程物资包括工程用材料、尚未安装的设备以及为生产准备的工器具等。

"工程物资"的借贷余情况见表 1-15。

表 1-15　　　　　工程物资

借　方	贷　方	借或贷	余　额
购买的物资	领用的物资	借	备用的物资

5. 在建工程

企业在做设备安装、工程改扩建时,先在"在建工程"科目里核算,所建项目能使用了再转到"固定资产"科目里。建筑公司给别人建厂房不在这里核算,而是在自己的成本类科目"工程施工"里核算。

"在建工程"的借贷余情况见表1-16。

表1-16　　　　　　　　在建工程

借　方	贷　方	借或贷	余　额
建造期间的各项支出	完工后结转的成本	借	未完工的成本

6. 固定资产

固定资产包括房屋、建筑物、机器设备、运输工具、电子产品等,还有价值较高、使用时间较长的用于储存和保管产品、材料而不对外出售的包装物。

"固定资产"的借贷余情况见表1-17。

表1-17　　　　　　　　固定资产

借　方	贷　方	借或贷	余　额
外购、建造、接受投资、盘盈、融资租入的原价	出售、报废、损毁、盘亏、转让时转出的净值	借	原价

固定资产有个显著的特点,因为使用时间长,会慢慢磨损,它的成本是随着时间转移到成本费用中的,最后只剩下残值。所以,每个月要把磨损额分摊到费用中,这就是折旧。

7. 累计折旧

累计折旧是根据固定资产的使用年限计算出来的折旧额。

首先把固定资产原价扣除净残值,然后按税法规定的折旧年限计算出月折旧额,再根据受益单位分摊到相应的费用里。车间的折旧记入"制造费用",销售部门的折旧放在"销售费用",管理部门的折旧放在"管理费用"。也就是"三费",好记吧。

本月入账的固定资产,下月计提折旧;本月减少的固定资产,下月停止计提折旧。

折旧方法有四种,具体的在"算账"里讲解。

"累计折旧"的借贷余情况见表 1-18。

表 1-18　　　　　　　累计折旧

借　方	贷　方	借或贷	余　额
固定资产清理时转出的折旧额	每月计提的折旧额	贷	累计折旧额

8. 固定资产清理

固定资产清理,顾名思义,是专门服务于固定资产的。核算因出售、报废、损毁等情况转出的固定资产净值,还有清理过程中发生的收支等。处理完毕,根据本科目的余额转入营业外收支:如果是借方余额,就转入"营业外支出"科目,说明赔了;如果是贷方余额,就转入"营业外收入"科目,说明赚了。

"固定资产清理"的借贷余情况见表 1-19。

表 1-19　　　　　　　固定资产清理

借　方	贷　方	借或贷	余　额
1. 结转的固定资产净值 2. 情理中发生的税费等费用 3. 结转的贷方清理余额	1. 清理收入 2. 结转的借方清理余额		结转后无余额

上述 5 个科目都与固定资产有关,可以形成一个系列的账务:购买"工程物资",搞"在建工程",形成"固定资产"后计提"累计折旧",处理固定资产时做"固定资产清理"。

9. 无形资产

无形资产是包括专利权、非专利技术、商标权、著作权、土地使用权、特许权。

"无形资产"的借贷余情况见表1-20。

表1-20　　　　　　　无形资产

借　方	贷　方	借或贷	余　额
外购、自行研发的投资者投入的成本	摊销、处置的成本	借	净值

10. 累计摊销

累计摊销与累计折旧一样，按无形资产的受益对象，按月摊销所在的费用中，在处置无形资产的时候随之一同转出。

"累计摊销"的借贷余情况见表1-21。

表1-21　　　　　　　累计摊销

借　方	贷　方	借或贷	余　额
处置无形资产时的结转额	每月摊销额	贷	累计摊销额

11. 应交税费

应交税费包括：增值税、消费税、企业所得税、资源税、土地增值税、城市维护建设税、房产税、城镇土地使用税、车船税、教育费附加、矿产资源补偿费等，还有代扣代缴的个人所得税。这些税种也是"应交税费"的明细科目。

"应交税费"的借贷余情况见表1-22。

表1-22　　　　　应交税费——应交某某税

借　方	贷　方	借或贷	余　额
已交的税费、可抵扣的进项税	计提应交的税费	贷	应交未交的税费

"应交税费"是负债类科目，反映企业应该缴纳的税金。到了月末，如果是贷方余额，说明还有欠缴的税金；如果是借方余额，说明税金交多了或

者尚未抵扣的税金。

这里重点说说应交增值税。

缴纳增值税的企业有两种身份，一种是小规模纳税人，另一种是一般纳税人。按规定，年应税销售额未超过规定标准的纳税人，会计核算健全，能够提供准确税务资料的，可以向主管税务机关办理一般纳税人资格登记，成为一般纳税人。主要划分标准是销售额。

下面看一般纳税人和小规模纳税人的区别见表1-23。

表1-23　　　　　　　一般纳税人和小规模纳税人的区别

区别	小规模纳税人	一般纳税人
认定	从事货物生产或者提供应税劳务的纳税人，以及以从事货物生产或者提供应税劳务为主，并兼营货物批发或者零售的纳税人，年应征增值税销售额（以下简称应税销售额）在50万元以下（含本数，下同）的；除上述规定以外的纳税人，年应税销售额在80万元以下的。提供营改增应税服务的纳税人年销售额在500万元以下的	销售额达到小规模纳税人标准以上的
发票	增值税普通发票、增值税电子普通发票，可以到税务机关代开增值税专用发票。住宿业可以在规定的金额内自开增值税专用发票	增值税专用发票和增值税普通发票、增值税电子普通发票
税率	征收率是3%	销售或进口货物，提供加工、修理、修配劳务，提供有形动产租赁服务，税率为17% 销售或进口粮食、食用植物油。自来水、暖气、冷气、热水、煤气、石油液化气、天然气、沼气、居民用煤炭制品。图书、报纸、杂志。饲料、化肥、农药、农机、农膜、农业产品。税率是13% 提供交通运输、邮政、基础电信、建筑、不动产租赁服务，销售不动产，转让土地使用权，税率为11% 境内单位和个人发生的跨境应税行为，税率为零 除上述应税行为的生活性服务业，税率为6%
计税	简易计税方法	一般计税方法、简易计税方法
抵扣	不允许抵扣进项税额	允许抵扣进项税额

因为增值税是价外税，而收支价款里是含税的，所以做记账凭证的时候要把企业的收入金额和增值税额分开核算。

增值税一般纳税人的"应交税费"的核算比较复杂，这个科目下设"应交增值税""未交增值税""预交增值税""待抵扣进项税额""待认证进项税额""待转销项税额""简易计税""转让金融商品应交增值税""代扣代交增值税"等明细科目。

而在"应交增值税"的明细账内，还要设置"进项税额""销项税额抵减""已交税金""转出未交增值税""减免税款""出口抵减内销产品应纳税额""销项税额""出口退税""进项税额转出""转出多交增值税"等专栏。

这样看会醒目一些：

应交税费——应交增值税（进项税额）

（销项税额抵减）

（已交税金）

（转出未交增值税）

（减免税款）

（出口抵减内销产品应纳税额）

（销项税额）

（出口退税）

（进项税额转出）

（转出多交增值税）

——未交增值税

——预交增值税

——待抵扣进项税额

——待认证进项税额

——待转销项税额

——简易计税

——转让金融商品应交增值税

——代扣代交增值税

这些科目看着挺多的，实际上每个企业所属行业和业务不同，不是都能涉及到的。

一般纳税人的"应交税费——应交增值税"下面的明细科目，有的在贷方核算，有的在借方核算，要把借贷方分清楚。

"应交税费——应交增值税"明细科目借贷方向见表1-24。

表1-24 "应交税费——应交增值税"明细科目借贷方向

借 方	贷 方	借或贷	余 额
1. 进项税额 2. 已交税金 3. 销项税额抵减 4. 转出未交增值税 5. 减免税额 6. 出口抵减内销产品应纳税额	1. 销项税额 2. 出口退税 3. 进项税额转出 4. 转出多交增值税	贷 借	应交未交的税金 多交或尚未抵扣的税金

平时发生的业务，分别记录在不同的科目里，下面分别介绍。

（1）应交税费——应交增值税。

这个明细科目下设置的栏目所记录的内容如下：

进项税额：按照现行增值税制度规定因扣减销售额而减少的销项税额；

销项税额抵减：按照现行增值税制度规定因扣减销售额而减少的销项税额；

已交税金：当月已交纳的应交增值税额；

转出未交增值税：月度终了转出当月应交未交的增值税额；

减免税款：按现行增值税制度规定准予减免的增值税额；

出口抵减内销产品应纳税额：记录实行"免、抵、退"办法的一般纳税人按规定计算的出口货物的进项税抵减内销产品的应纳税额；

销项税额：销售货物、加工修理修配劳务、服务、无形资产或不动产应收取的增值税额；

出口退税：出口货物、加工修理修配劳务、服务、无形资产按规定退回的增值税额；

进项税额转出：购进货物、加工修理修配劳务、服务、无形资产或不动产等发生非正常损失以及其他原因而不应从销项税额中抵扣、按规定转出的进项税额。

转出多交增值税：月度终了转出当月多交的增值税额；

小企业最常用的专栏有"进项税额"、"转出未交增值税"和"销项税额"，其他的业务很少用。

（2）应交税费——未交增值税。

月度终了从"应交增值税"或"预交增值税"明细科目转入当月应交未交、多交或预缴的增值税额，以及当月交纳以前期间未交的增值税额。

（3）应交税费——预交增值税。

转让不动产、提供不动产经营租赁服务、提供建筑服务、采用预收款方式销售自行开发的房地产项目等，以及其他按现行增值税制度规定应预缴的增值税额。

（4）应交税费——待抵扣进项税额。

已取得增值税扣税凭证并经税务机关认证，按照现行增值税制度规定准予以后期间从销项税额中抵扣的进项税额。包括：一般纳税人自2016年5月1日后取得并按固定资产核算的不动产或者2016年5月1日后取得的不动产在建工程，按现行增值税制度规定准予以后期间从销项税额中抵扣的进项税额；实行纳税辅导期管理的一般纳税人取得的尚未交叉稽核比对的增值税扣税凭证上注明或计算的进项税额。

这里的"增值税制度规定"是指税务总局的规定：增值税一般纳税人取得并在会计制度上按固定资产核算的不动产，以及发生的不动产在建工程，其进项税额应按照本办法有关规定分2年从销项税额中抵扣，第一年抵扣比例为60%，第二年抵扣比例为40%。上述进项税额中，60%的部分于取得扣税凭证的当期从销项税额中抵扣；40%的部分为待抵扣进项税额，于取得扣税凭证的当月起第13个月从销项税额中抵扣。

（5）应交税费——待认证进项税额。

由于未经税务机关认证而不得从当期销项税额中抵扣的进项税额。包括：一般纳税人已取得增值税扣税凭证、按照现行增值税制度规定准予从销项税额中抵扣，但尚未经税务机关认证的进项税额；一般纳税人已申请稽核但尚未取得稽核相符结果的海关缴款书进项税额。

（6）应交税费——待转销项税额。

销售货物、加工修理修配劳务、服务、无形资产或不动产，已确认相关收入（或利得）但尚未发生增值税纳税义务而需于以后期间确认为销项税额的增值税额。

（7）应交税费——简易计税。

采用简易计税方法发生的增值税计提、扣减、预缴、缴纳等业务。

（8）应交税费——转让金融商品应交增值税。

转让金融商品发生的增值税额。

（9）应交税费——代扣代交增值税。

购进在境内未设经营机构的境外单位或个人在境内的应税行为代扣代缴的增值税。

到了月末，看"应交税金——应交增值税"的余额方向。

如果是贷方余额，说明当月有应交未交的增值税，按贷方余额做分录：

借：应交税金——应交增值税（转出未交增值税）

　　贷：应交税金——未交增值税

如果是借方余额，除了未抵扣的进项税额，按当月多交的增值税做分录：

借：应交税金——未交增值税

　　贷：应交税金——应交增值税（转出多交增值税）

到了下月纳税期，缴纳上月应交的增值税之后，做分录：

借：应交税金——未交增值税

　　贷：银行存款

小规模纳税人的账务就简单多了，只需在"应交税费"科目下设置三个明细科目："应交税费——应交增值税"、"代扣代交增值税"和"转让金融商品应交增值税"，最常用的只有"应交税费——应交增值税"科目。

小规模纳税人收到的发票，全额计入成本，而开出去的发票，要价税分开核算，价格是收入，税额是应交增值税。计提时，贷记"应交税费——应交增值税"；缴纳时，借记"应交税费——应交增值税"。

小规模纳税人"应交增值税"的借贷余情况。见表1-25。

表1-25　　　　应交税费——应交增值税

借　方	贷　方	借或贷	余　额
已经缴纳的增值税	计提应交的增值税	贷	应交未交的增值税

不管企业是什么"人",会计都要根据应缴纳的增值税计算出 3 个附加税费——城市维护建设税、教育费附加、地方教育附加。

这部分内容后面会详细讲。

下面是资产取得的账务处理:

【例 1 – 11】 一般纳税人购买 C 材料一批,开出支票 10 300 元,获取的增值税专用发票上的货物金额是 8 803.42 元,税额是 1 496.58 元,原材料按实际成本入账。根据入库单、支票存根、已经认证的增值税专用发票做记账凭证。

　　借:原材料——C 材料　　　　　　　　　　　　8 803.42

　　　　应交税费——应交增值税(进项税额)　　　1 496.58

　　　　贷:银行存款　　　　　　　　　　　　　　　　10 300.00

购入材料缴纳的增值税为进项税额,按当月已认证的可抵扣的增值税额,记在"应交税费——应交增值税(进项税额)"的借方,可以在销项税里抵扣。当月有未认证的可抵扣增值税额,借记"应交税费——待认证进项税额"科目。

以后再看见进项税额,就知道要做在借方。

【例 1 – 12】 一般纳税人(商店)购进一批 H 商品,收到的增值税专用发票上显示:金额 30 085.47 元,税额 5 114.53 元,价税合计 35 200 元,企业给 L 公司开出一张欠据。商品办理了入库手续,会计根据已经认证的增值税专用发票、入库单以及欠据做记账凭证。

教材上写的"货款"或者"价款",实际上是增值税发票上的商品金额,不包括税额。我习惯说"商品金额",因为发票上显示的也是"金额"字样,发票上的合计数,我习惯说"价税合计"。

　　借:库存商品——H 商品　　　　　　　　　　　30 085.47

　　　　应交税费——应交增值税(进项税额)　　　5 114.53

　　　　贷:应付账款——L 公司　　　　　　　　　　35 200.00

没有支付的商业款就是负债,贷记"应付账款"科目。记住这笔钱,后面的业务会涉及往来结算。

【例 1 – 13】 小规模纳税人的管理部门购买办公用品,获取普通发票,支付转账支票 2 700 元。根据支票存根和发票做记账凭证。

　　借:管理费用——办公用品　　　　　　　　　　2 700

贷：银行存款　　　　　　　　　　　　　　　　　　　2 700

　　如果是一般纳税人购买的办公用品获取了普通发票，也要全额计入"管理费用"科目。因为没有进项税额可以抵扣。

【例1-14】一般纳税人从小规模纳税人D公司那里购买一批F商品，取得代开的增值税专用发票，价款14 563.11元，税额436.89元，合计15 000元。商品到达后验收入库，并用现金支付运杂费200元，货款暂欠，增值税发票本月未认证。

　　借：库存商品——F商品　　　　　　　　　　　　　14 563.11
　　　　应交税费——应交增值税（待认证进项税额）　　　436.89
　　　　销售费用——运杂费　　　　　　　　　　　　　　200.00
　　　贷：应付账款——D公司　　　　　　　　　　　　15 000.00
　　　　　库存现金　　　　　　　　　　　　　　　　　　200.00

　　因为小规模纳税人的征收率是3%，所以一般纳税人收到税务机关代开的增值税专用发票，也只能抵扣3%的税金。

　　这笔"应付账款"后面会涉及，也要记住了。

【例1-15】小规模纳税人购买工具10套1 200元，已经转账付款。

　　借：周转材料——低值易耗品（工具）　　　　　　　　1 200
　　　贷：银行存款　　　　　　　　　　　　　　　　　　1 200

　　小规模纳税人按发票金额，全额入账。

　　根据"固定资产"的确认条件，如果这批工具价值高，也可以记入"固定资产"核算，视情况处理。

【例1-16】小规模纳税人领用工具5套600元，一次性摊销入成本。

　　借：主营业务成本　　　　　　　　　　　　　　　　　　600
　　　贷：周转材料——低值易耗品（工具）　　　　　　　　600

【例1-17】一般纳税人购买机器设备，发票的价税合计29 000元，其中：设备金额24 786.32元，税额4 213.68元。

　　借：固定资产——设备　　　　　　　　　　　　　24 786.32
　　　　应交税费——应交增值税（进项税额）　　　　　4 213.68
　　　贷：银行存款　　　　　　　　　　　　　　　　29 000.00

【例1-18】上例是一般纳税人购买固定资产的分录，如果是小规模纳税人购买的固定资产，要全额记入"固定资产"成本。比如，设计公司购买电脑 29 000 元。

  借：固定资产——电脑   29 000
   贷：银行存款   29 000

别忘了购买固定资产后的次月要计提折旧。

【例 1 - 19】 根据"固定资产折旧表"，本月需要计提电子产品的折旧 521 元。

  借：管理费用——折旧费   521
   贷：累计折旧   521

【例 1 - 20】 企业购买了一批 K 材料，月末收到了发票，但是没有收到材料。发票上的金额是 21 623.93 元，税额 3 676.07 元，合计 25 300 元，已付款。

  借：在途物资——K 材料   21 623.93
    应交税费——应交增值税（进项税额）   3 676.07
   贷：银行存款   25 300

总结如下：

购买资产的方式：一种是货款两清的，用转账或者现金支付；另一种是欠款挂应付账款的；还有一种是提前预付账款。

采购成本：买价、相关税费、运输费、装卸费等。

涉及的科目：判断业务内容，计入相关会计科目。购入不是用来销售的大物件，借记"固定资产"；购入小物件，借记"低值易耗品"；购入用于出售的商品，借记"库存商品"；购入用于加工制造的材料，借记"原材料"。

一般纳税人购买资产，支付的税金借记"应交税费——应交增值税（进项税额）"科目。

这部分内容有一些是成双结对的会计科目，你不能给拆开换成别的科目，否则对方就不高兴了。

比如，一般纳税人购买的商品，借记"库存商品"和"应交税费——应交增值税（进项税额）"。这两个科目就形影不离。其他的自己找一下，记住它们。

（三）商品销售

不管是工业还是商业，都有自己的商品，销售商品就是企业的主营业务，其他的就是其他业务。

销售业务涉及的会计科目：

1. 主营业务收入

工业主要是销售产品的收入，商业主要是销售商品的收入，服务业主要是提供劳务的收入。

"主营业务收入"的借贷余情况见表 1-26。

表 1-26　　　　　主营业务收入

借　方	贷　方	借或贷	余　额
1. 销售退回、折让； 2. 月末把贷方余额结转到"本年利润"	收入金额		月末结转后无余额

2. 主营业务成本

工业是产成品的成本，商业是购进商品的成本，服务业是劳务成本，建筑业是施工成本，等等。

"主营业务成本"的借贷余情况见表 1-27。

表 1-27　　　　　主营业务成本

借　方	贷　方	借或贷	余　额
结转成本	1. 退货转回成本； 2. 月末把借方余额结转到"本年利润"		月末结转后无余额

3. 其他业务收入

其他业务收入是主营业务收入以外的收入，如销售材料、出租固定资产、无形资产等实现的收入。

"其他业务收入"的借贷余情况见表 1-28。

表 1-28　　　　　其他业务收入

借　方	贷　方	借或贷	余　额
月末结转到"本年利润"	收入发生时		月末结转后无余额

4. 其他业务成本

其他业务成本，包括销售材料的成本、出租固定资产的折旧额、出租无形资产的摊销额等。

"其他业务成本"的借贷余情况见表 1-29。

表 1-29　　　　　其他业务成本

借　方	贷　方	借或贷	余　额
其他业务的成本	月末结转到"本年利润"		月末结转后无余额

5. 税金及附加

税金及附加是指企业经营活动中应负担的税金及附加，包括消费税、城市维护建设税、教育费附加、资源税、土地使用税、房产税、车船税、印花税等相关税费。

其中：城市维护建设税和教育费附加是增值税和消费税的附加税费，计税依据就是这两税的总额。不交主税，就不用计提附加税费。

"税金及附加"的借贷余情况见表 1-30。

表 1-30　　　　　税金及附加

借　方	贷　方	借或贷	余　额
计提的税费	月末把借方余额结转到"本年利润"		月末结转后无余额

上述 5 个会计科目属于损益类，它们的特点是：每到月末，要把科目里

的余额结转到"本年利润"科目，收支相抵后能看出企业的盈亏。此外，还有几个损益类的科目，后面会讲到。

下面是一般纳税人销售业务的账务处理：

【例 1-21】 3 日，企业出售商品一批，增值税专用发票上的价税合计 37 000 元，其中：产品金额 31 623.93 元，税额 5 376.07 元。收到转账汇款。

企业销售主产品，按票面的金额贷记"主营业务收入"，税额贷记"应交税费"，合计金额借记"银行存款"。

  借：银行存款   37 000.00
   贷：主营业务收入   31 623.93
    应交税费——应交增值税（销项税额） 5 376.07

【例 1-22】 5 日，销售给甲公司商品一批，增值税专用发票上的商品金额是 23 931.62 元，税额 4 068.38 元，价税合计 28 000 元。货物发出后，向银行办理了托收手续。

  借：应收账款——甲公司   28 000.00
   贷：主营业务收入   23 931.62
    应交税费——应交增值税（销项税额） 4 068.38

这里有一笔"应收账款"，收到贷款后再结清。

【例 1-23】 建筑企业提供服务，给小规模纳税人商品 9 000 元，开出增值税普通发票，上面的商品金额 8 108.11 元，税额 891.89 元。

  借：银行存款   9 000
   贷：主营业务收入   8 108.11
    应交税费——应交增值税（销项税额） 891.89

虽然不能给小规模纳税人开具增值税专用发票，但是增值税率仍然是 17%。

【例 1-24】 16 日，销售给丙公司一批商品，开出的增值税专用发票上显示：商品金额是 52 991.45 元，税额是 9 008.45 元，合计 62 000 元。对方开给我们一张不带息的期限为 3 个月的银行承兑汇票，票面金额 62 000 元。

  借：应收票据——丙公司   62 000.00
   贷：主营业务收入   52 991.45
    应交税费——应交增值税（销项税额） 9 008.55

3个月后银行承兑汇票到期，要贷记"应收票据"科目。

【例1-25】 19日，赊销给丁公司商品一批，商品金额5 982.91元，税额1 017.09元，合计金额7 000元。

借：应收账款——丁公司　　　　　　　　　　　7 000.00
　　贷：主营业务收入　　　　　　　　　　　　　5 982.91
　　　　应交税费——应交增值税（销项税额）　　1 017.09

【例1-26】 22日，销售Z材料的下脚料，收到现金950元。

借：库存现金　　　　　　　　　　　　　　　　950
　　贷：其他业务收入　　　　　　　　　　　　　811.97
　　　　应交税费——应交增值税（销项税额）　　138.03

【例1-27】 Z材料的成本是631元，结转销售成本。

借：其他业务成本　　　　　　　　　　　　　　631
　　贷：原材料——Z材料　　　　　　　　　　　　631

【例1-28】 3日出售的那批商品因为质量问题被退回，其中产品金额31 623.93元，税额5 376.07元。开转账支票退货款。

教材上说发生退回的时候应该这样做分录：

借：主营业务收入　　　　　　　　　　　　　　31 623.93
　　应交税费——应交增值税（销项税额）　　　5 376.07
　　贷：银行存款　　　　　　　　　　　　　　　37 000.00

这是当月发生的业务，如果购货方没有去办理认证手续，我们把发票进行"作废"处理，冲转分录就可以了。

有个问题说明一下。

这笔分录里的税金是借记"应交税费——应交增值税（销项税额）"科目，实际上"销项税"在账上是体现在贷方的，这"借方"的"销项税"显然没地方记了。

还有借记的"主营业务收入"，原来那笔是记在贷方的，填利润表的时候，如果按贷方发生额填，利润就对不起来了，手工账还好调整，财务软件可不没有人聪明，月末结转都是按损益类科目的借贷方向设置的不容易修改。

很早以前我有过这样的教训：

企业收到银行的存款利息收入612元，然后我做记账凭证。

借：银行存款　　　　　　　　　　　　　　612
　　贷：财务费用　　　　　　　　　　　　　　　612

当月的"财务费用"借方发生额是701元，手工记上这笔费用后，月末总账上的余额是借方89元。结转损益的时候：借记"本年利润"89元，贷记"财务费用"89元。这时候，在"财务费用"的总账上，借贷方发生额都是701元，在明细账上，借方的实际发生额也是701元。

填"利润表"时，因为收入、成本、费用都是依据发生额分析填列，我忘记分析了，看见财务费用的借方发生额是701元，就在利润表上"财务费用"那栏填了701元，结果计算出来的净利润比"本年利润"总账余额少了612元。

我看着这个数据很眼熟，找来找去锁定在"财务费用"账上，发现了那笔612元的利息。仔细一想，是发生额填错了，应该是701元减去612元，填89元。

我把这89元填在"利润表"的"财务费用"栏，再计算出的净利润就对上了。

当时我就琢磨：如果我做记账凭证的时候，直接把612元用"－"号做在财务费用的借方，那么借方发生额就是89元了。到了月末结转的时候，直接转走89元，这样在"财务费用"的总账上看到的借方发生额就是实际的发生额，直接填在"利润表"里就对了，或者直接填结转的金额，不要只想到填列"发生额"。

从那以后，凡是涉及"财务费用"科目的，我再没有使用过贷方发生额，不仅"财务费用"我不用贷方，其他的损益类科目有发生异常的情况我都用"－"号代替。

因此我主张这样做：

贷：主营业务收入　　　　　　　　　　　－31 623.93
　　应交税费——应交增值税（销项税额）　　－5 376.07
　　银行存款　　　　　　　　　　　　　　37 000.00

虽然这套分录有"贷"没"借"看着别扭，但是业务是真实的、准确的，账与报表都是平的。

当然了，如果你按借方记在账上，那么填报表的时候，把结转的金额当作"发生额"也是可以的。

这只是我的工作经验，考试的时候还是应该按规定里的标准写分录。

【例1-29】到了月末，本月共发生进项税额是14 986.75元，销项税额是21 351.71元，假设进项发票都做了认证，"应交增值税"的账上余额是贷方的6 364.96元。计提本月的附加税费。其中：7%的城市维护建设税是445.55元，3%的教育附加是190.95元，2%的地方教育附加127.30元，合计763.80元。

借：税金及附加　　　　　　　　　　　　　　763.80
　　贷：应交税费——应交城建税　　　　　　　　445.55
　　　　　　　　——应交教育费附加　　　　　　190.95
　　　　　　　　——应交地方教育附加　　　　　127.30

【例1-30】月末，结转本月的商品成本98 260元。

借：主营业务成本　　　　　　　　　　　　　98 260
　　贷：库存商品　　　　　　　　　　　　　　98 260

此外，月末还要结转"主营业务收入"、"主营业务成本"、"其他业务收入"、"其他业务成本"、"税金及附加"等损益类科目到"本年利润"科目，因为后面还会发生损益类业务，所以讲"利润结转"的时候一起练习。

（四）往来款项

应付账款是在采购时发生的，应收账款是在销售时会发生的。这些科目被称为往来款项。特点是按单位或个人进行明细核算。

往来账款涉及的会计科目：

1. 应收账款

应收账款是销售货物或提供劳务购货方欠我们的各种款项。

"应收账款"的借贷余情况见表1-31。

表1-31　　　　　　　　　应收账款

借　方	贷　方	借或贷	余　额
销售或提供劳务时发生的应收款金额	收回或转销的应收款金额	借	尚未收回的欠款

"应收账款"是资产类科目,一般情况下是借方余额,个别明细账偶尔会出现贷方余额,表示"预收"了。

2. 应付账款

应付账款是企业购买货物或接受劳务欠对方的各种款项。

"应付账款"的借贷余情况见表1-32。

表1-32　　　　　　　应付账款

借　方	贷　方	借或贷	余　额
支付的应付款金额	购买或接受劳务时发生的应付款金额	贷	应付未付的金额

"应付账款"是负债类科目,一般情况下是贷方余额,个别明细账偶尔也会出现借方余额,表示"预付"了。

3. 预付账款

预付账款是按照合同规定预付的款项。比如,预付的购货款、租金等。

"预付账款"的借贷余情况见表1-33。

表1-33　　　　　　　预付账款

借　方	贷　方	借或贷	余　额
预付的金额	结算的预付款	借	尚未结清的预付款（贷方表示尚欠货款）

"预付账款"是资产类科目,一般情况下是借方余额,偶尔也会出现贷方余额,表示"应付"的账款。

预付账款少的企业可以不设置这个科目,有业务发生的时候用"应付账款"科目代替。

4. 预收账款

预收账款是按照合同规定预收的款项。

"预收账款"的借贷余情况见表1-34。

"预收账款"是负债类科目,一般情况下是贷方余额,偶尔也会出现借方余额,表示"应收"的账款。

表 1-34　　　　　　　预收账款

借　方	贷　方	借或贷	余　额
销售后结算的金额	预收的金额	贷	尚未结算的款项（借方表示购货单位的欠款）

预收账款少的企业可以不设置这个科目，有业务发生的时候用"应收账款"科目代替。

5. 应收票据

应收票据核算的业务与应收账款相同，当收到银行承兑汇票或者商业承兑汇票时，借记"应收票据"，票据到期时收到款项后，贷记就行了。

"应收票据"的借贷余情况见表 1-35。

表 1-35　　　　　　　应收票据

借　方	贷　方	借或贷	余　额
收到商业汇票的面值	到期收回的金额	借	尚未兑现的应收票据

商业汇票有不超过 6 个月的付款期限，企业拿着票据可以背书转让，也可以提前到银行贴现，相当于短期贷款。不过这条路越来越难走了，因为信誉的问题，很多银行已经叫停贴现。

6. 应付票据

应付票据核算的业务与应付账款相同，只不过开出去的是银行承兑汇票或者商业承兑汇票。

"应付票据"的借贷余情况见表 1-36。

表 1-36　　　　　　　应付票据

借　方	贷　方	借或贷	余　额
1. 到期支付的价款 2. 到期无力偿还时	开出商业汇票的面值	贷	尚未到期的面值

7. 其他应收款

其他应收款是指除了应收账款、应收票据、预付账款以外的各种应收款，比如，个人欠款、包装物资租金、保险公司的赔偿金等。

"其他应收款"的借贷余情况见表1-37。

表1-37　　　　　其他应收款——某单位

借　方	贷　方	借或贷	余　额
发生的应收款	结算的应收款	借	尚未收回的款项

8. 其他应付款

其他应付款是指除了应付账款、应付票据、预收账款、应付职工薪酬、应交税费、应付利息、应付利润等以外的应付款，比如，租入固定资产和包装物租金、存入保证金等。

"其他应付款"的借贷余情况见表1-38。

表1-38　　　　　其他应付款——某单位

借　方	贷　方	借或贷	余　额
还款时	欠款时	贷	尚未支付的款项

总结：欠人，是应付，是负债，是债务；人欠，是应收，是资产，是债权。

往来款项的账务处理：

【例1-31】收到前期销售给甲公司商品的托收货款29 000元。

借：银行存款　　　　　　　　　　　　　　　　　29 000
　　贷：应收账款——甲公司　　　　　　　　　　　　　29 000

【例1-32】销售给丙公司那批62 000元的商品，收到的商业汇票期限已到，对方没钱支付，承诺两个月后付款。

票据到期后对方没有付款时，要把"应收票据"转到"应收账款"里。

借：应收账款——丙公司　　　　　　　　　　　　62 000
　　贷：应收票据——丙公司　　　　　　　　　　　　　62 000

【例1-33】转账支付前期欠D公司的商品款15 000元。

　　借：应付账款——D公司　　　　　　　　　　　15 000
　　　　贷：银行存款　　　　　　　　　　　　　　　　　15 000

【例1-34】张某因为违反企业规定，造成企业财产损失，需要赔付1 200元。经审定，由责任人张某全部负担。出纳员暂时支付，待发放工资的时候，从张某的工资扣除。

　　借：其他应收款——张某　　　　　　　　　　　1 200
　　　　贷：库存现金　　　　　　　　　　　　　　　　　1 200

【例1-35】几天后张某主动交上1 200元的罚款。

　　借：库存现金　　　　　　　　　　　　　　　　1 200
　　　　贷：其他应收款——张某　　　　　　　　　　　　1 200

【例1-36】收到A公司商品款15 000元，商品下月才能交付。

这是一笔预收账款。

　　借：银行存款　　　　　　　　　　　　　　　　15 000
　　　　贷：预收账款——A公司　　　　　　　　　　　　15 000

【例1-37】一般纳税人从Q公司购买K商品，开出一张期限为3个月的商业承兑汇票29 000元。商品已经验收入库，增值税专用发票：K商品金额24 786.33元，税额4 213.67元。

　　借：库存商品——K商品　　　　　　　　　　　24 786.33
　　　　应交税费——应交增值税（进项税额）　　　　4 213.67
　　　　贷：应付票据——Q公司　　　　　　　　　　　　29 000

【例1-38】接上笔业务，商业承兑汇票到期，从银行账户转款29 000元。

　　借：应付票据——Q公司　　　　　　　　　　　29 000
　　　　贷：银行存款　　　　　　　　　　　　　　　　　29 000

【例1-39】3个月前从L公司购进一批商品，欠款35 200元，今天给这家公司电汇了这笔钱。

　　借：应付账款——L公司　　　　　　　　　　　35 200
　　　　贷：银行存款　　　　　　　　　　　　　　　　　35 200

【例1-40】从C公司购买材料，预付款30 000元。

　　借：预付账款——C公司　　　　　　　　　　　30 000
　　　　贷：银行存款　　　　　　　　　　　　　　　　　30 000

(五) 费用支出

在会计要素里讲的费用包括了所有的支出，这里的费用单指期间费用——销售费用、管理费用、财务费用。

费用支出涉及的会计科目：

1. 销售费用

销售费用包括：销售人员的职工薪酬、运输费、保险费、包装费、展览费、广告费和业务宣传费、商品维修费、装卸费等。

"销售费用"的借贷余情况见表1-39。

表1-39　　　　　　销售费用

借　方	贷　方	借或贷	余　额
发生的各种销售费用	结转到"本年利润"		月末结转后无余额

2. 管理费用

管理费用包括：小企业在筹建期间内发生的开办费、行政管理部门发生的费用（包括：固定资产折旧费、修理费、办公费、水电费、差旅费、管理人员的职工薪酬等）、业务招待费、研究费用、技术转让费、相关长期待摊费用摊销、财产保险费、聘请中介机构费、咨询费（含顾问费）、诉讼费等费用。

"管理费用"的借贷余情况见表1-40。

表1-40　　　　　　管理费用

借　方	贷　方	借或贷	余　额
发生的各种管理费用	结转到"本年利润"		月末结转后无余额

商品流通企业的管理费用不多的，可以并入"销售费用"科目。

3. 财务费用

财务费用包括：利息费用（减利息收入）、汇兑损失、银行相关手续费、给予的现金折扣（减享受的现金折扣）等。

"财务费用"的借贷余情况见表1-41。

表 1-41　　　　　　　　财务费用

借　方	贷　方	借或贷	余　额
发生的各种财务费用	1. 利息收入 2. 结转到"本年利润"		月末结转后无余额

这里要注意：平时发生的利息收入用"-"号记在借方，用来抵销借方发生额。原因前面讲过的。

另外，当利息收入大于费用支出的时候，"财务费用"账户会出现贷方余额，月末结转的时候最好在贷方用"-"号转，这样填利润表的时候，发生额就是"-"号金额。

费用支出的账务处理：

【例 1-41】一般纳税人修理汽车，获取增值税专用发票。全部价款 3 600 元。其中：修理额 3 076.92 元，税额 523.08 元。

借：管理费用——修理费　　　　　　　　　　3 076.92
　　应交税费——应交增值税（进项税额）　　　523.08
　贷：银行存款　　　　　　　　　　　　　　3 600

【例 1-42】一般纳税人企业用现金支付业务招待费 3 600 元。

借：管理费用——招待费　　　　　　　　　　3 600
　贷：库存现金　　　　　　　　　　　　　　3 600

按规定，即使获取的是餐饮业专用发票，进项税额也不可以从销项税额中抵扣，因此，这里的招待费一并计入费用中。

【例 1-43】本月行政管理人员的工资是 35 600 元，销售部的业务员工资是 12 700 元。会计根据工资分配表确认工资。

借：管理费用——工资　　　　　　　　　　　35 600
　　销售费用——工资　　　　　　　　　　　12 700
　贷：应付职工薪酬——工资　　　　　　　　48 300

【例 1-44】小规模纳税人用转账支票支付行政管理部门的水电费 2 030 元。

借：管理费用——水电费　　　　　　　　　　2 030
　贷：银行存款　　　　　　　　　　　　　　2 030

【例 1-45】 用现金支付招待费 3 700 元。

借：管理费用——招待费　　　　　　　　　　　3 700
　　贷：库存现金　　　　　　　　　　　　　　　　3 700

【例 1-46】 小规模纳税人企业支付员工差旅费 1 800 元。

借：销售费用——差旅费　　　　　　　　　　　1 800
　　贷：银行存款　　　　　　　　　　　　　　　　1 800

【例 1-47】 银行划转手续费 195 元。

借：财务费用——手续费　　　　　　　　　　　195
　　贷：银行存款　　　　　　　　　　　　　　　　195

手续费是从银行账户直接划转的，不管是多少，都是贷记"银行存款"科目。

【例 1-48】 收到银行存款利息 812.53 元。

借：银行存款　　　　　　　　　　　　　　　　812.53
　　财务费用　　　　　　　　　　　　　　　　-812.53

考试的时候这样做：

借：银行存款　　　　　　　　　　　　　　　　812.53
　　贷：财务费用　　　　　　　　　　　　　　　　812.53

我为什么在"财务费用"的借方用"-"号表示，前面例 1-28 已经讲过，这里不多说了。

【例 1-49】 缴纳印花税 316.70 元。

借：税金及附加　　　　　　　　　　　　　　　316.70
　　贷：银行存款　　　　　　　　　　　　　　　　316.70

【例 1-50】 商场支付广告宣传费 35 000 元，获得的是增值税普通发票。

借：销售费用——广告宣传费　　　　　　　　　35 000
　　贷：银行存款　　　　　　　　　　　　　　　　35 000

（六）成本结转

这里讲解三个行业的成本结转：制造业、服务业、建筑业。

成本结转涉及的会计科目：

1. 生产成本

生产成本包括生产用原材料、工人的工资、制造费用等。

企业有辅助车间的,要分别设置"基本生产成本"和"辅助生产成本"明细科目。

制造业的产品成本都在这个科目里核算,完工产品结转到"库存商品"科目里,等待销售。

对外提供劳务发生的成本,使用"劳务成本"科目。

"生产成本"的借贷余情况见表1-42。

表1-42　　　　　　　　生产成本

借　方	贷　方	借或贷	余　额
生产耗用的料工费	结转完工产品的成本	借	在产品成本

2. 制造费用

制造费用是指不直接用于产品的间接成本,或者不能分清受益对象的成本支出。包括车间管理人员的工资和福利费,车间房屋和设备的折旧费,车间管理用的办公费、水电费、机物料消耗、劳动保护费、季节性和修理期间的停工损失等。

到了月末,要像"制造费用"一样,把余额分配到有关工程项目的"合同成本"里。

"制造费用"的借贷余情况见表1-43。

表1-43　　　　　　　　制造费用

借　方	贷　方	借或贷	余　额
发生的费用	结转到"生产成本"		月末结转后无余额

3. 工程施工

工程施工是施工企业用来核算工程成本的科目,就像加工企业的核算产品的"生产成本"。

"工程施工"科目按合同项目下设"合同成本"和"间接费用"两个明细科目。

(1) 合同成本。

合同成本包括建造合同从签订到完成发生的所有费用支出。包括人工费、材料费、机械使用费以及施工现场材料的二次搬运费、生产工具和用具使用费、检验试验费、临时设施折旧费等其他直接费用。

"合同成本"的借贷余情况见表1-44。

表1-44　　　　　工程施工——合同成本

借　方	贷　方	借或贷	余　额
发生的成本	合同完成后冲减	借	尚未完工的成本或毛利

（2）间接费用。

除了直接用于施工项目的成本，其余的都在"间接费用"里核算。包括施工企业的管理人员工资、奖金、福利费、劳动保护费、固定资产折旧费及修理费、物料消耗、临时设施摊销费用、低值易耗品摊销、取暖费、办公费、差旅费、财产保险费、工程保修费、排污费等。

到了月末，要像"制造费用"一样，把余额分配到有关的合同成本。

"间接费用"的借贷余情况见表1-45。

表1-45　　　　　工程施工——间接费用

借　方	贷　方	借或贷	余　额
为组织和管理施工所发生的费用	月末结转到各工程项目"合同成本"		平时是借方余额，结转后无余额

4. 机械作业

机械作业包括职工薪酬、燃料及动力费、折旧及修理费、其他直接费、间接费用，月末将余额分配到"工程施工"科目，很像工业里的"辅助生产成本"。

"机械作业"的借贷余情况见表1-46。

表1-46　　　　　　　机械作业

借　方	贷　方	借或贷	余　额
发生的费用	月末分配到"工程施工"		月末结转后无余额

下面是成本的账务处理。

先看制造业生产成本的账务处理：

【例1-51】本月领用Z材料2 530公斤，用于生产A产品，单价12.67元。

借：生产成本——A产品（直接材料）　　　　32 055.10
　　贷：原材料——Z材料　　　　　　　　　　　32 055.10

企业很少有生产一种产品的，"生产成本"可以按品种进行明细核算。耗用的原材料也要按品种划分清楚，分不清的要按一定的分配方式进行分配。

【例1-52】本月生产车间人工费51 900元，车间管理人员工资16 300元。

借：生产成本——A产品（直接人工）　　　　51 900
　　制造费用——工资　　　　　　　　　　　16 300
　　贷：应付职工薪酬——工资　　　　　　　　　68 200

每月核算工资的时候，统一做记账凭证。这里只把与生产有关的科目列出来，训练这部分工资的核算。

【例1-53】用现金支付车间照明费500元。

借：制造费用——照明费　　　　　　　　　　500
　　贷：库存现金　　　　　　　　　　　　　　　500

"制造费用"里还会有很多的支出项目，不列举了。

【例1-54】月末，制造费用余额是16 800元，全部转到A产品的成本中。

借：生产成本——A产品（制造费用）　　　　16 800
　　贷：制造费用　　　　　　　　　　　　　　16 800

制造费用分配时有几种方法，稍后在"算账"里讲解。这里只做分录的讲解。

【例1-55】本月生产出A产品1 730件产品，没有在产品，结转全部完工产品的成本100 755.10元。

借：库存商品——A产品　　　　　　　　　100 755.10
　　贷：生产成本——A产品　　　　　　　　　100 755.10

如果还有未完工的在产品，那么要在两者之间分配"生产成本"，结转后的"生产成本"余额就是在产品成本。

再看服务业劳务成本的账务处理：

【例1-56】公司发生劳务支出21 200元，其中：工资15 200元，其他支出 6 000 元。

  借：劳务成本   21 200

   贷：应付职工薪酬——工资   15 200

     银行存款   6 000

【例 1－57】 劳务结束，转账收到 58 000 元。开增值税专用发票：劳务费 54 716.98 元，税额 3 283.02 元。

  借：银行存款   58 000.00

   贷：主营业务收入   54 716.98

     应交税费——应交增值税（销项税额） 3 283.02

【例 1－58】 发生劳务成本 37 200 元，结转成本。

  借：主营业务成本   37 200

   贷：劳务成本   37 200

最后看建筑业工程成本的账务处理：

【例 1－59】 本建筑公司为小规模纳税人，为 Y 企业施工。耗用材料 61 320 元，人工费 58 300 元，租用设备 15 000 元，共计 134 620 元。

  借：工程施工——合同成本   134 620

   贷：应付职工薪酬——工资   58 300

     原材料   61 320

     银行存款   15 000

【例 1－60】 建筑公司管理人员工资 12 000 元，设备折旧费 3 078 元。

  借：工程施工——间接费用   15 078

   贷：应付职工薪酬——工资   12 000

     累计折旧   3 078

【例 1－61】 将上述的间接费用转入合同成本。

  借：工程施工——合同成本   15 078

   贷：工程施工——间接费用   15 078

【例 1－62】 上述工程结束后，确认合同收入 195 000 元，工程款未收。已开增值税普通发票：工程款 189 320.39 元，税额 5 679.61 元。

  借：应收账款——Y 企业   195 000

   贷：主营业务收入   189 320.39

     应交税费——应交增值税   5 679.61

【例1-63】 本项工程合同成本为 149 698 元。

借：主营业务成本　　　　　　　　　　　　　　　149 698
　　贷：工程施工——合同成本　　　　　　　　　　　　149 698

月末，要计提附加税，还要结转利润，这些不在这里举例了。

(七) 财产清查

财产清查是指企业定期或者不定期地对货币现金、实物、债权债务等进行盘点，发现账实不符的要查明原因，及时做账务处理。

货币资金的清查包括库存现金和银行存款；实物的清查包括存货、固定资产；债权债务清查包括往来款项。

财产清查涉及的会计科目：

1. 待处理财产损溢

待处理财产损溢有两个明细科目——待处理流动资产损溢和待处理非流动资产损溢。

企业发生了财产损溢，有的需要税务机关审批，有的需要本部门或者上级主管部门审批。审批前，先在这个科目里挂着，查明原因有了处理结果再做处理。一般是在月末前结清，年末不应有余额。

"待处理财产损溢"的借贷余情况见表1-47。

表1-47　　　　　待处理财产损溢

借　方	贷　方	借或贷	余　额
盘亏或毁损的财产金额	盘盈的财产金额		处理后无余额

2. 营业外收入

营业外收入包括非流动资产处置净收益、政府补助、捐赠收益、盘盈收益、汇兑收益、出租包装物和商品的租金收入、逾期未退包装物押金收益、确实无法偿付的应付款项、已做坏账处理后又收回的应收款项、违约金收益等。

虽然"营业外收入"科目带有收入的字样，但不是真正意义上的收入，而是利得。

"营业外收入"的借贷余情况见表1-48。

表 1-48　　　　　　　　营业外收入

借　方	贷　方	借或贷	余　额
月末结转到"本年利润"科目	发生的利得		结转后无余额

3. 营业外支出

营业外支出包括存货的盘亏、损毁、报废损失，非流动资产处置净损失，无法收回的长期债券和长期股权的投资损失，自然灾害等，不可抗力因素造成的损失，坏账损失，税收滞纳金，罚金，罚款，被没收财物的损失，捐赠支出，赞助支出等。

"营业外支出"的借贷余情况见表 1-49。

表 1-49　　　　　　　　营业外支出

借　方	贷　方	借或贷	余　额
发生的损失	月末结转到"本年利润"科目		结转后无余额

下面是财产清查的账务处理：

【例 1-64】一般纳税人在做存货清查时，发现库存商品因为管理不善，S 商品少了 30 件，从账面计算出价值 3 058 元。

（1）审批前：

借：待处理财产损溢——待处理流动资产损溢　　3 577.86
　　贷：库存商品——S 商品　　　　　　　　　　3 058.00
　　　　应交税费——应交增值税（进项税额转出）　519.86

这批库存商品购买时，进项税已经做了抵扣，因为管理造成的损失，进项税额不准抵扣，所以要做"进项税额转出"处理。

（2）审批后：

借：营业外支出　　　　　　　　　　　　　　　3 577.86
　　贷：待处理财产损溢——待处理流动资产损溢　3 577.86

这个"审批"谁来做呢？国有企业需要上级主管部门的审批，私营企业需要经过股东会的审批，另外还要通过税务机关的审批。

【例 1-65】一场暴雨，使一批低值易耗品受损，账面价值 2 182 元。

(1) 审批前：

借：待处理财产损溢——待处理流动资产损溢　　　2 182
　　贷：周转材料——低值易耗品　　　　　　　　　2 182

自然灾害造成的损失，进项税额是允许抵扣的，不做进项税额转出。

(2) 审批后：

借：营业外支出——非常损失　　　　　　　　　　2 182
　　贷：待处理财产损溢——待处理流动资产损溢　　2 182

【例1-66】资产清查时，发现一个电机被盗，固定资产的账面价值3 206元，累计折旧925元。

(1) 审批前：

借：待处理财产损溢——待处理非流动资产损溢　　2 281
　　累计折旧　　　　　　　　　　　　　　　　　　925
　　贷：固定资产——电机　　　　　　　　　　　　3 206

电机没有了，也要把它的累计折旧一同转出。

(2) 审批后：

借：营业外支出——盘亏损失　　　　　　　　　　2 281
　　贷：待处理财产损溢——待处理非流动资产损溢　2 281

如果需要责任赔偿的，借记"其他应收款——责任人"科目。

【例1-67】清点现金库存，发现现金比账面多出450元。

借：库存现金　　　　　　　　　　　　　　　　　450
　　贷：营业外收入　　　　　　　　　　　　　　　450

【例1-68】几天后发现上次报账金额是1 381元，做记账凭证的时候金额，出纳误写成了1 831元，相差450元。冲减原分录。

借：库存现金　　　　　　　　　　　　　　　　　-450
　　贷：营业外收入　　　　　　　　　　　　　　　-450

再冲减上次多记费用的那笔分录：

借：管理费用——办公费　　　　　　　　　　　　450
　　贷：库存现金　　　　　　　　　　　　　　　　450

【例1-69】盘点原材料，发现K材料少了760公斤，价值1 528元属于定额损耗。

借：营业外支出　　　　　　　　　　　　　　　　1 528

贷：原材料——K材料　　　　　　　　　　　　　　1 528

定额内损耗，无须审批，也不用做进项税额转出。

（八）利润结转

到了月末，损益类的科目要全部结转到"本年利润"科目，这样就能看出本期的利润金额了。这叫账结法，还有一种是表结法，就是把损益类的科目直接填到利润表里，不用在账上结转。实际工作中，会计习惯用账结法。

利润结转涉及的会计科目：

1. 本年利润

本年利润是核算盈利或亏损情况的权益类科目。

前面通过损益类的科目已经看清了本年利润的面目，它的来源是收入减去费用。

还记得在学会计科目的时候，我把损益类科目做了细分类：收入类和费用类。现在又通过上面的损益类科目训练，你应该知道怎么结转了吧。

"本年利润"的借贷余情况见表1-50。

表1-50　　　　　　　　　　本年利润

借　方	贷　方	借或贷	余　额
结转的费用金额： 主营业务成本 税金及附加 其他业务支出 销售费用 管理费用 财务费用 营业外支出 投资收益（借方余额） 所得税费用（最后结转）	结转的收入金额： 主营业务收入 其他业务收入 投资收益（贷方余额） 营业外收入	贷	贷方表示盈利，借方表示亏损，年末结转后无余额

通常情况下，每个月都要结转损益，然后根据本年利润计算出应缴纳的企业所得税，接着再结转一次。到了年末，要把"本年利润"的余额全部转入"利润分配"科目，结束了它一年的使命。

2. 所得税费用

所得税是按"本年利润"的贷方余额计算出来的，一般是每季度计提一次后预缴，到了年末再根据税法要求进行汇算清缴。

"所得税费用"的借贷余情况见表1-51。

表1-51　　　　　　　所得税费用

借　方	贷　方	借或贷	余　额
计提的企业所得税	结转到"本年利润"		结转后无余额

到了年末汇算清缴的时候，对纳税所得额的计算要求很严格，收支都有标准，要按企业所得税法的规定做纳税调整。

3. 盈余公积

盈余公积是从净利润中提取的企业积累，就像家庭要储蓄一样。有"法定盈余公积"和"任意盈余公积"，这也是"盈余公积"的两个明细科目。

"盈余公积"的借贷余情况见表1-52。

表1-52　　　　　　　盈余公积

借　方	贷　方	借或贷	余　额
1. 弥补亏损； 2. 转增资本	提取金额	贷	剩余的提取金额

到了年末，"未分配利润"和"盈余公积"的余额合计，就是企业的"留存收益"。

4. 应付利润

企业到了年末，经过研究，需要给投资者分配利润，应付的金额贷记"应付利润"科目。

"应付利润"的借贷余情况见表1-53。

表1-53　　　　　　　应付利润

借　方	贷　方	借或贷	余　额
实际支付金额	应付投资者利润	贷	应付未付的利润

5. 利润分配

到了年底,不管是净利润还是净亏损,要把全年的数额转到"利润分配"科目里核算,然后按顺序分配。

利润分配的顺序不能颠倒:

(1) 提取法定盈余公积;

(2) 提取任意盈余公积;

(3) 给投资者分配利润。

"利润分配"科目的明细科目:"盈余公积补亏""应付利润""提取法定盈余公积""提取任意盈余公积""未分配利润"。

其中:"提取法定盈余公积""提取任意盈余公积""盈余公积补亏""应付利润"提取时,记在"利润分配"的借方,最后统统结转到"未分配利润"的借方,结转后无余额。这时候,与"本年利润"结转过来的贷方发生额相抵后,得出的就是"利润分配——未分配利润"的余额。

"利润分配"明细科目的借贷余情况见表1-54~表1-58。

表1-54　　　　　　　利润分配——提取法定盈余公积

借　方	贷　方	借或贷	余　额
提取法定盈余公积	把"提取法定盈余公积"结转到"未分配利润"的借方		结转后无余额

表1-55　　　　　　　利润分配——提取任意盈余公积

借　方	贷　方	借或贷	余　额
提取任意盈余公积	把"提取任意盈余公积"结转到"未分配利润"的借方		结转后无余额

表1-56　　　　　　　利润分配——应付利润

借　方	贷　方	借或贷	余　额
给投资者分配的利润	把"应付利润"结转到"未分配利润"的借方		结转后无余额

表1-57　　　　　利润分配——盈余公积补亏

借　方	贷　方	借或贷	余　额
把"盈余公积补亏"结转到"未分配利润"的贷方	用盈余公积补亏的金额		结转后无余额

表1-58　　　　　利润分配——未分配利润

借　方	贷　方	借或贷	余　额
1. 结转的"本年利润"借方余额； 2. 结转"提取法定盈余公积"； 3. 结转"提取任意盈余公积"； 4. 结转"应付利润"	1. 结转的"本年利润"贷方余额； 2. 结转"盈余公积补亏"	贷	贷方表示历年累计未分配的利润，借方表示历年累计未弥补的亏损

看出来了吗，结转后都体现在"利润分配——未分配利润"明细科目里了。别小瞧了这个明细科目，资产负债表里可有它的一席之地呢。

下面是利润结转的账务处理：

【例1-70】 月末，从总账上看：

主营业务收入：261 320元

主营业务成本：192 358元

税金及附加：1 167元

其他业务收入：3 653元

其他业务成本：2 010元

财务费用：531元

销售费用：27 189元

管理费用：31 827元

营业外支出：753元

将上述损益类科目结转利润。

先结转收入类科目：

借：主营业务收入　　　　　　　　　　　　　261 320

　　其他业务收入　　　　　　　　　　　　　　3 653

　贷：本年利润　　　　　　　　　　　　　　　　　264 973

再结转费用类科目：

借：本年利润 　　　　　　　　　　　　　　255 835
　　贷：主营业务成本　　　　　　　　　　192 358
　　　　税金及附加　　　　　　　　　　　　1 167
　　　　其他业务成本　　　　　　　　　　　2 010
　　　　销售费用　　　　　　　　　　　　 27 189
　　　　管理费用　　　　　　　　　　　　 31 827
　　　　财务费用　　　　　　　　　　　　　　531
　　　　营业外支出　　　　　　　　　　　　　753

如果使用设置好的财务软件，一键完成。

【例 1-71】从上题里得出"本年利润"是贷方余额 9 138 元，按 25%的税率计提本月所得税 2 284.50 元。

借：所得税费用　　　　　　　　　　　　　2 284.50
　　贷：应交税费——应交所得税　　　　　2 284.50

如果是小型微利企业可执行 20%的优惠税率。

【例 1-72】结转所得税费用 2 284.50 元。

借：本年利润　　　　　　　　　　　　　　2 284.50
　　贷：所得税费用　　　　　　　　　　　2 284.50

【例 1-73】年末，"本年利润"是贷方余额 1 763 813 元。这是税后利润，做年终结转。

借：本年利润　　　　　　　　　　　　　　1 763 813
　　贷：利润分配——未分配利润　　　　　1 763 813

【例 1-74】按 1 763 813 元提取 10%的法定盈余公积。

借：利润分配——提取法定盈余公积　　　　176 381.30
　　贷：盈余公积——法定盈余公积　　　　176 381.30

【例 1-75】给两个投资者分配利润 500 000 元。张三的投资比例是60%，李四的投资比例是 40%。

借：利润分配——应付利润　　　　　　　　500 000
　　贷：应付利润——张三　　　　　　　　300 000
　　　　　　　　——李四　　　　　　　　200 000

【例 1-76】结转利润分配。

借：利润分配——未分配利润　　　　　　　　676 381.30
　　贷：利润分配——提取法定盈余公积　　　176 381.30
　　　　　　　　——应付利润　　　　　　　500 000.00

假设这是新成立的企业，第一年的"利润分配——未分配利润"的余额是多少？

在这里你要计算：1 763 813 - 676 381.30 = 1 087 431.70（元）。

实际工作中，记账后就结出余额了（见表1-59）：

表1-59　　　　　利润分配——未分配利润

借　方	贷　方	借或贷	余　额
676 381.30	1 763 813	贷	1 087 431.70

至此，1年的账务就结束了。

（九）股东投资

有的人是在老企业当会计，也有的人是在新企业当会计。那么，新成立的企业有哪些业务呢？

企业成立之初，必有股东投资，这样企业才有资金运营。以后随着企业的发展，会有增资和减资的情况，也有的企业直至注销都没有变更过注册资本。

正因为股东投资不是日常业务，所以放在这里集中讲解。

股东投资涉及的会计科目：

1. 实收资本

实收资本是投资者按照公司章程或协议，实际投入企业的资本。如果投资人多，在分红利的时候，要按投资人的投资比例进行分配。

投资的形式很多，比如，货币资产、固定资产、无形资产等。

在注册资本认缴制下有的企业成立时没有按认缴的金额全部投资，会计要按实际收到的金额贷记"实收资本"科目。

实收资本要按照投资者分明细核算。

"实收资本"的借贷余情况见表1-60。

表 1-60　　　　　　　　实收资本

借　方	贷　方	借或贷	余　额
减少的投资金额	接受的投资金额	贷	实收资本或股本总额

2. 资本公积

资本公积的来源是资本溢价，用途是可以转。

"资本公积"的借贷余情况见表 1-61。

表 1-61　　　　　　　　资本公积

借　方	贷　方	借或贷	余　额
转增资本	资本溢价	贷	资本公积总额

下面是股东投资的账务处理：

【例 1-77】李逵和张飞准备成立一家有限公司，需要投资 100 万元。张飞投入现金 60 万元，占注册资本的 60%；李逵投资 40 万元，占注册资本的 40%。这笔现金存入银行后验资领取营业执照。

借：银行存款　　　　　　　　　　　　　　　1 000 000
　　贷：实收资本——张飞　　　　　　　　　　　600 000
　　　　　　　　——李逵　　　　　　　　　　　400 000

【例 1-78】半年后，这家公司接受了程咬金的一座仓库投资，评估价为 26 万元，此时的注册资本增至 120 万元，程咬金的投资占注册资本的 16.7%。

这时 3 个人的投资比例变成：

张飞：60 万元，占 50%

李逵：40 万元，占 33.3%

程咬金：20 万元，占 16.7%

结合上题的业务分析：全部投资额已达 120 万元，仓库的评估价是 26 万元，多出来 6 万元，记入"资本公积"。

借：固定资产——仓库　　　　　　　　　　　　260 000
　　贷：实收资本——程咬金　　　　　　　　　　200 000
　　　　资本公积——资本溢价　　　　　　　　　 60 000

【例 1-79】 经营了两年后，李逵要撤资 200 000 元，办理了相关手续后处理账务。

此时 3 个人的投资比例：

张飞：60 万元，占 60%

李逵：20 万元，占 20%

程咬金：20 万元，占 20%

企业用银行存款支付撤资款。

借：实收资本——李逵　　　　　　　　　　　　200 000

　　贷：银行存款　　　　　　　　　　　　　　　　200 000

【例 1-80】 1 年后，为了扩大经营范围，3 个股东决定用资本公积 6 万元转增资本，再用盈余公积转增资本 14 万元。

按原有投资者的投资比例，重新计算投资额。

张飞：投资比例 60%，增资金额：20×60% = 12（万元）

李逵：投资比例 20%，增资金额：20×20% = 4（万元）

程咬金：投资比例 20%，增资金额：20×20% = 4（万元）

上面的数据在办理增资的时候，验资报告里有的。会计根据哪个金额做记账凭证。

借：资本公积　　　　　　　　　　　　　　　　60 000

　　盈余公积　　　　　　　　　　　　　　　　140 000

　　贷：实收资本——张飞　　　　　　　　　　　120 000

　　　　　　　　——李逵　　　　　　　　　　　40 000

　　　　　　　　——程咬金　　　　　　　　　　40 000

这部分内容是按实际工作顺序讲解的。不同的行业，除了成本核算有差别外，其他的账务是一样的。上述简单的账务会处理了，说明你已经走进了会计的大门。继续前进吧。

【练功场】

1. 把上述例题里的业务填在记账凭证里，目的是熟悉账务处理，加深印象，增强实战效果。

这里没有给你准备空白的记账凭证，因为满页都是记账凭证浪费纸张，占据本书空间。你可以自己找记账凭证做练习，也可以直接在财务软件上模拟。

2. 下面是一般纳税人20××年5月份的业务，做分录或者记账凭证。

（1）县城一家新成立的加工制造企业，在工商机关登记的注册资本为50万元。有两个投资人，甲投资20万元，乙投资10万元，此款已经存入企业开户行，尚有20万元没有缴足。

（2）从开户银行取备用金3 500元。

（3）经理刘力出差，借走现金2 500元。

（4）购买设备100 000元，获取增值税专用发票。设备款85 470.09元，税金14 529.91元，已转账支付。

（5）经理刘力出差回来报销差旅费2 600元，出纳付现金100元，结清个人借款。

（6）从甲公司购买生产用的a材料56 000元，其中材料款金额47 863.25元，税额8 136.75元。材料款未付。

（7）加工产品耗用a材料31 515元。

（8）本月应付工资59 500元。其中：管理人员工资12 000元，车间工人31 200元，车间管理人员6 800元，销售人员工资9 500元。（五险一金略）

（9）转账支付车间水电费8 200元，办公费1 500元。（进项税略）

（10）行政部门用现金购买办公用品600元，获取的是普通发票。

（11）月末，结转"制造费用"期末余额全部到"生产成本"。

（12）生产A产品265件，验收合格入库。没有在产品，全额结转生产成本79 215元（单位成本298.92元）。

（13）销售258件A产品，单价470元。开出去的增值税专用发票：产品金额103 641.03元，税额17 618.97元，合计121 260元，收转账支票一张。

（14）结转本月A产品成本258件，账面单位成本298.92元，共计77 121.36元。

（15）计提实收资本应交的印花税。

（16）结转"应交税费——应交增值税"到"应交税费——未交增值税"。

（17）计提增值税的附加税费。

（18）月末结转损益类科目。

（19）因为企业刚成立，还不知道是否符合小型微利企业，所以先按25%的税率计提企业所得税。

（20）把所得税费用结转到本年利润里。

3. 本月为什么没有设备折旧费？

4. 年末，如果本年实现净利润是 250 290 元，下一步应该做什么？分录怎么做？

5. 到年末汇算清缴的时候，情况是这样的：营业收入是 1 936 200 元，工资总额是 513 700 元，招待费是 56 600 元，广告费是 52 000 元，职工福利费 61 800 元。本年已经预缴所得税 13 172 元。"本年利润"余额是 29 437 元。计算本年度应纳税所得额和应纳所得税额。

《企业所得税条例》相关规定：

第四十条　企业发生的职工福利费支出，不超过工资薪金总额14%的部分，准予扣除。

第四十三条　企业发生的与生产经营活动有关的业务招待费支出，按照发生额的60%扣除，但最高不得超过当年销售（营业）收入的5‰。

第四十四条　企业发生的符合条件的广告费和业务宣传费支出，除国务院财政、税务主管部门另有规定外，不超过当年销售（营业）收入15%的部分，准予扣除；超过部分，准予在以后纳税年度结转扣除。

要领三　账簿登记

记账，也有人叫"过账"，因为手工记账是根据记账凭证往会计账簿上抄写，形象一点说叫"抄账"。现在有了财务软件，单纯的记账只是点几下鼠标的小事了。

一、账簿种类

不管是传统的账簿还是打印的账页，都有不同的种类，让我们认识一下。

（一）序时账簿

序时账，顾名思义，就是按时间的顺序逐笔记录的账簿，也叫日记账。会计只用两本：一本库存现金日记账（见图 1-7），另一本银行日记账（见图 1-8），都是出纳记，要求日清月结。

库存现金日记账

图 1-7

银 行 存 款 日 记 账

图 1-8

（二）明细账簿

明细账是明细分类账的简称，它们在账簿中占大多数，是除了序时账以外的总账科目都要设置明细账。

明细账的长相可分三栏式明细账、多栏式明细账、数字金额式明细账等，具体的有以下几种：

1. 多栏式明细账

这本账是横开的，账页里有十几个空栏，你可以按着费用项目自行设置。适合期间费用、生产成本和制造费用等科目，应付职工薪酬项目多的，也要使用这种账（见图1-9）。

2. 数字金额式明细账

这本账不仅有借贷余三栏，还有数量栏和单价栏，适合库存商品、低值易耗品、包装物、原材料等需要记载数量、单价的科目（见图1-10）。

3. 固定资产明细账

这本账是专门记载固定资产的，上面有固定资产的原价、折旧和净值（见图1-11）。

4. 应交税费明细账

如果是一般纳税人，需要专门有一本"应交增值税"账簿，贷方分别按实际需要设置明细栏目。如果是小规模纳税人，可以使用三栏式明细账（见图1-12）。

5. 生产成本明细账

这是工业企业必备的账簿，里边有直接人工、直接材料、制造费用等专门的明细栏目（见图1-13）。

6. 三栏式明细账

除了上述特殊的账户，其他账户通通归纳到这本三栏式明细账里。比如，往来账和不常用的边缘账（见图1-14）。

上面一直在说"账"，是真正的账本。如果你在财务软件里记账，打印出来的是单页，装订起来也应该叫"账"。

多栏式明细账

图 1-9

商 品 明 细 账

品名＿＿＿＿　单位＿＿＿＿　规格＿＿＿＿

年	凭证编号	摘要	收入（借方）			付出（贷方）			余额	
月 日			数量	单价	金额 千百十万千百十元角分	数量	单价	金额 千百十万千百十元角分	均价	金额 千百十万千百十元角分

图 1-10

固定资产明细账

固定资产类别：_____
使用部门：_____
单位：_____ 数量：_____ 折旧率：_____%

年 月 日	凭证编号	摘要	原价 借方	原价 贷方	余额	累计折旧 借方	累计折旧 贷方	余额	净值

图 1-11

应交税费（增值税）明细账

图 1-12

生产成本明细账

车间：　　　　　　　　　　　　　　　　　　　　　　　　　　　　产品：

年 月 日	凭证编号	摘要	产量	成本项目			
				直接材料	直接人工	制造费用	成本合计

图 1-13

明 细 分 类 账

会计科目_____ 明细科目_____

年		凭证编号	摘要	借方 亿千百十万千百十元角分	贷方 亿千百十万千百十元角分	借或贷	余额 亿千百十万千百十元角分
月	日						

图 1-14

（三）总分类账

总分类账，简称总账，有一本足矣，放在三栏式账里。它像花名册一样，是所有科目的大本营，手工编制财务报表就靠它了（见图1-15）。

（四）备查账簿

备查账簿是一种辅助账，对一些在日记账和分类账中未能记载的会计事项进行补充登记。比如，应收票据的到期时间，低值易耗品领用的时间、放置的地点，出租出借的包装物、租入的固定资产等信息，其实就是会计的备忘录。

备查账没有固定的格式，用普通账本就可以，只要能看得明白。

二、记账规则

说起记账规则，在会计电算化的今天，有点像拿着计算器教小学生背乘法口诀，似乎没必要。可是国家有这项工作规范，会计从业资格考试也有这部分内容，说明不可或缺，还是简要地介绍下。

（一）启用账簿

先填列账簿前面的"账簿启用和经管人员一览表"，填写单位名称、账簿名称、账簿编号、账簿册数、账簿页数、启用日期，会计主管人员和记账人员要签名或盖章。更换记账人员时，同时还要有交接记录。

（二）记账依据

根据审核无误的会计凭证登记各种账簿。日期、编号、摘要、金额等逐项记入账内，然后在会计凭证上标注"√"符号，或者标注账簿的页码，证明此笔业务已记账。

（三）记账时间

日记账随时记，明细账和总账根据情况记，三五天一次都可以。

总 分 类 账

科目名称

年		凭证编号	摘要	借方 亿千百十万千百十元角分	贷方 亿千百十万千百十元角分	借或贷	余额 亿千百十万千百十元角分
月	日						

图 1-15

（四）记账要求

1. 笔迹清晰

笔迹要求清晰，字体占用半格，给改错留有余地。

2. 改错有方

改错要有正规的方法：写错字了，用"划线更正法"；记账凭证错了，更改时用"红字更正法"；做记账凭证时金额少写了，用"补充登记法"。不可以对账簿动粗，什么涂改、挖补、乱擦、用涂改液都不允许。

3. 用笔讲究

记账必须用蓝、黑墨水书写，不得使用圆珠笔和铅笔。红色墨水有特殊的意义，只在结账划线、改错和冲账时使用。

4. 失误操作

账要逐页、逐行登记，不得隔页、跳行。发生了失误，要将空页、空行用红色墨水划对角线，注明"此页作废"或"此行作废"，并由记账人员签章，证明是此人所为。

5. 承前过次

记满一个账页时，在最后一行的"摘要"栏中写上"过次页"，分别合计借贷方金额，然后在下一账页第一行的"摘要"栏中写上"承上页"，把借贷方金额抄写过去。目的是方便累计。

（1）结计"本月合计"的账户，"过次页"的发生额合计是自本月初起至本页末止的金额。

（2）结计"本年累计"的账户，"过次页"的发生额合计是自年初起至本页末止的累计数。

（3）无上述需要的账户，只结转余额到次页就可以了。

6. 余额计算

手工账需要会计算余额，有时候马虎，余额错了，结转的时候也跟着错，结账的时候账就不平。所以计算余额时要仔细认真。

（1）计算。

$$\text{资产类账户期末余额} = \text{期初借方余额} + \text{本期借方发生额} - \text{本期贷方发生额}$$

结果是正数，本期的余额在借方，否则在贷方。正常情况下是借方余额。

$$\begin{matrix}\text{负债及所有者权益类}\\ \text{账户期末余额}\end{matrix} = \text{期初贷方余额} + \begin{matrix}\text{本期贷方}\\ \text{发生额}\end{matrix} - \begin{matrix}\text{本期借方}\\ \text{发生额}\end{matrix}$$

结果是正数，本期的余额在贷方，否则在借方。正常情况下是贷方余额。

说白了就是大数减小数，然后看大数的余额是哪个方向的，余额就是哪个方向。

（2）写法。

是借方余额，就在"借或贷"栏写个"借"字；是贷方余额，就写"贷"字。没有余额的账户写"平"字，并在余额栏"元"的位置写"θ"。

7. 试算平衡

记完账以后，本着"借贷必相等"的原则，要试算平衡，也就是对账。

（1）账证相符。

这个"证"指的是记账凭证和原始凭证，"账"指的是日记账和明细账。

（2）账账相符。

这里的"账"指的是明细账和总账。

这里包括两个内容：

① 总账账户借方余额合计等于总账账户贷方余额合计；

② 总账账户的余额分别等于对应的日记账和明细账的余额。

说明一下，即使账账相符了，只能说你的账记对了，不一定说明账处理得没问题。有时候科目处理错了，但是借贷方没有错，怎么试算都是平衡的。账务准确，才是衡量会计水准的标尺。

（3）账实相符。

核对账实是否相符，也是财产清查的工作内容，主要针对下面的账和实物：

① 库存现金日记账的账面余额与库存现金数额；

② 银行存款日记账的账面余额与银行对账单的余额；

③ 各项财产物资明细账的余额与财产物资的实有数额；

④ 有关债权债务明细账的账面余额与相关单位的账面余额。

讲到这里我想起一件事：有一次我应朋友之约，帮一家企业查看会计账。因为老板觉得他那刚毕业的会计不是很专业，想让我鉴定一下。

我去了以后，看到是电算账和手工账并存。原因是老板信不过电脑。

我翻看了所有的账本，发现一些问题：

一是账记得不规范。

有个账页记到最后一行，生生地在最后一行的下面挤出一行写"过次页"。可能是业务不熟练，忘记了"过次页"的问题，想起来以后已经没有地盘了。

还有，本应每个月有合计金额的费用账，"承前页"、"过次页"不是从月初累计的金额，而是本页的合计数。他在月末结转利润的时候，岂不是还要合计一遍？大概是依靠电算吧。

二是记错的地方多了些。

账记错了可以改，但要改得规范。我翻看的账页里，发现很多记错的地方，每一处都用笔划了两三道，黑乎乎的很难看，而且更改处没有签章。

三是折旧费有的月份提了，有的没提。

四是有的借据只有一个人的签字，可能这人是管理层的吧。

五是有的记账凭证没有写附页，而后面竟然有3张。

六是……

好了，不说了，不过账账还是相符的。

结论：这是一个初出茅庐的小会计，基础不牢。

老板问我，这账记得怎么样？

我没敢说实话，担心老板炒了这个小家伙。好不容易找到一份工作，刚出校门应该给他们一个锻炼的机会。

我说，我看了不少家的账了，水平都差不多。以后我有时间就过来看看，实在不行，你再想辙。

经过几次查账，我发现企业管理者懂会计的不多，会计也不把基础工作当回事。使得手工记的账五花八门，余额不准、累计不对、字迹潦草、随意涂改，更有甚者还有撕账页的。

我听会计公司的人抱怨过，一看到企业的手工账脑袋就大，尤其是遇到乱七八糟的账，宁可不赚那份钱，也不想接他那活儿。反过来我也听会计说过这样的话：账越乱越好，税务局的人都懒得查。

真有创意。

话题有点远了，还看我们怎么记账吧。

三、记账实例

做完记账凭证,接着就是记账了。让我们从头开始。

(一) 初始建账

新会计到了新公司,首先遇到的就是建新账的问题。这时候有些人就像不会走路的孩子站在操场上,不知迈哪条腿了。

其实建账并不难,无非就是把日常业务发生的会计科目落实到账簿上。关键是你要知道会涉及哪些会计科目。

如果你是新接手的会计,不要着急建账。随着业务的发生,涉及什么会计科目,就建立什么账户。最好是第一次汇总后,再把会计科目归纳到总账上。如果你接手的是旧账,依葫芦画瓢就是了。

对于电算会计来说,建账就是初始化,需要输入很多的信息。比如会计科目以及编码、科目余额、科目发生额,工作量比较大,但可以一劳永逸。对于手工会计来说,选账簿似乎是个问题。

1. 准备账簿

企业建账需要准备的账本有:

(1) 两本日记账。

一本是库存现金日记账——记载"库存现金"科目,一本是银行存款日记账——记载"银行存款"科目。

(2) 一本费用明细账。

这本账可以设置"管理费用""销售费用""财务费用""应付职工薪酬"科目。如果账簿是 100 页的话,这样安置期间费用:"管理费用" 1~50页,"销售费用"51~80页,"财务费用"81~100页。因为企业的管理费用比较多,财务费用比较少。如果业务多,可设置两本。因为"应付职工薪酬"不多,每个月只有三五笔,所以留出三五页足够,可以在任何一本账里挤出几页来。

(3) 一本商品账。

使用数字金额式的账簿,记载"库存商品""原材料""周转材料"等科目。业务多的,每个科目至少要设置一本。

（4）一本固定资产明细账。

这本记载着固定资产和累计折旧。

（5）一本应交税费明细账。

这本账只供一般纳税人使用。

（6）一本成本账。

专门记载"生产成本"和"制造费用"科目。

（7）一本往来账。

往来账户多的企业，要按"应收账款"、"应付账款"分别建账。

（8）一本三栏式明细账。

除了上述的账户，其余的可以放在这一本账里。比如，"主营业务收入""主营业务成本""营业税金及附加""其他业务收入""其他业务成本""所得税费用""实收资本""盈余公积""本年利润""利润分配"等科目。因为有的账户一年用不上两页，比如所有者权益类、营业外收支。

（9）一本总账。

不管有多少本明细账，都要有一本总账做统帅。

上述账簿除了日记账必须是订本的，其他都可以用活页账。我主张都用订本式的，完整、规矩。

现在都用电算了，一本"账"几页到几十页，不像"账簿"了。虽然形式不同，但是内容不变。

经常遇到有人问，我是工业会计，建哪些账啊？我是商业会计，都要什么科目啊？

前面我说了，不同行业的账务差别在成本核算上。建账也一样，区别在成本账上。

比如，制造业和服务业需要的账簿就有差别。加工业一般纳税人的"应交增值税"账，要使用带有"进项税"和"销项税"的账本，而小规模纳税人，使用三栏式明细账就可以了。工业要有成本账，商业、服务业都不需要。

2. 填写内容

建账需要写什么，可能是新手遇到的难题。

（1）填写封面。

假设你是"三板斧制造有限公司"的会计，这是其中的一本"应收账款"。把相关的内容填上，就是这样（见图1－16）：

账 簿 启 用 登 记 表

企业名称	三板斧制造有限公司	印花税票粘贴处
账簿名称	应收账款	
账簿编号	共9册第8册	
账簿页数	本账簿　共计200页	
启用日期	20××年1月1日至20××年12月31日	

经 管 人 员 表				单位公章
主　管		记　账		
姓名	盖章	姓名	盖章	
刘备		张青		

交 接 记 录 表			
姓名	交接日期	盖章	监交人（盖章）
	接管　年　月　日		
	移交　年　月　日		
	移交　年　月　日		
	移交　年　月　日		

图1－16

账簿要缴纳印花税，就像邮票一样的东西，要到税务机关去申报购买，每本账5元。然后把它贴在账簿扉页上，再划线注销，盖上企业公章，这本"应收账款"账就算建成了，以后公司的应收款就在这里安家落户。

其他的账簿封面参照此账。

（2）罗列科目。

明细账建完了，总账还要填写目录。

《小企业会计准则》里有66个会计科目，一般的企业只能用到2/3左右，有什么写什么，然后安排好页数。

新企业建总账的时候，还是等汇总后再填写总账科目。最好的办法是按照资产负债表里的科目顺序，把企业发生的会计科目写上去，编制报表的时候你就知道它们的方便性了。其实资产负债表的项目顺序，也是会计要素的顺序。会计科目也是按会计要素分类的。

这是总账目录，列举的科目是常用的（见图1-17）：

账 户 目 录

账户名称	页次	账户名称	页次	账户名称	页次	账户名称	页次
资产类		负债类		成本类		损益类	
库存现金	1	短期借款	51	生产成本	83	主营业务收入	91
银行存款	5	应付账款	53	制造费用	85	其他业务收入	95
应收票据	9	应付职工薪酬	57			营业外收入	99
应收账款	13	应交税费	59			主营业务成本	101
其他应收款	17	应付利润	63			其他业务成本	105
原材料	21	其他应付款	65			税金及附加	109
库存商品	25					销售费用	111
周转材料	29					财务费用	115
固定资产	31	所有者权益类				管理费用	119
累计折旧	33	实收资本	71			营业外支出	121
在建工程	35	资本公积	73			所得税费用	123
固定资产清理	37	盈余公积	75				
长期待摊费用	39	本年利润	77				
		利润分配	79				

图 1-17

（二）日常记账

平时我们做完记账凭证可以随时记账，也可以两三天记一次。出纳的日记账，只要有业务就要记。

下面按业务流程讲解账务，内容不是很全面，但有代表性的账簿都涉及了。一来复习记账凭证的做法，二来介绍账簿的记法，三来熟悉账务程序。通过一举三得的强化训练，你想不会都难。

1. 20××年1月8日，投资者王立存入资金300 000元，周建投入200 000元，注册资金500 000元，成立了三板斧制造公司，为一般纳税人。

做记账凭证（见图1-18）：

记 账 凭 证

20××年1月8日　　　　　　　编号　1

摘　要	总账科目	明细科目	借方金额	贷方金额	记账符号
收到投资款	银行存款		5 0 0 0 0 0 0 0		√
投入资本金	实收资本	王立		3 0 0 0 0 0 0 0	√
投入资本金	实收资本	周建		2 0 0 0 0 0 0 0	√
合　　计			5 0 0 0 0 0 0 0	5 0 0 0 0 0 0 0	

附单据 4 张

会计主管　　　记账 张青　审核　　　出纳　　　制单 秦兵

图 1-18

这笔业务要分别记在日记账和三栏明细账上。

"银行存款"记在银行存款日记里，这是单独的一本账（见图1-19）。

这笔银行存款发生在借方，余额也在借方。

"实收资本"记在三栏式明细账，可以与别的不常发生的账户放在一本账里。

因为有两个投资者，"实收资本"要按投资者记明细账，"王立"记一页，中间留一页，把"周建"记在另一页。

增加了资本金记在贷方，余额也在贷方（见图1-20）。

"周建"的账与"王立"的账一样，就不重复了。

记完账别忘了在记账凭证上打记账符号"√"，还要盖上你的名章。名章可以在记完所有的账以后一起盖，省时省力。

2. 10日，购买办公桌椅，转账支付6 680元，获取了一张增值税专用发票。发票中分别显示：办公桌10张5 880元，金额5 025.64，税额854.36元，椅子10把800元，金额683.76元，税额116.24元。发票未认证。

银行存款日记账

20××年		凭证编号	摘要	借方 亿千百十万千百十元角分	贷方 亿千百十万千百十元角分	借或贷	余额 亿千百十万千百十元角分	核对号
月	日							
1	8	1	存入投资款	5 0 0 0 0 0 0 0		借	5 0 0 0 0 0 0 0	

图 1-19

明细分类账

会计科目 实收资本　　明细科目 王立

20××年		凭证编号	摘要	借方 亿千百十万千百十元角分	贷方 亿千百十万千百十元角分	借或贷	余额 亿千百十万千百十元角分
月	日						
1	8	1	注册资本		3 0 0 0 0 0 0 0	贷	3 0 0 0 0 0 0 0

图 1-20

做记账凭证（见图1-21）：

记 账 凭 证

20××年1月10日　　　　　　　编号　2

摘　要	总账科目	明细科目	借方金额 百十万千百十元角分	贷方金额 百十万千百十元角分	记账符号
购买桌子	低值易耗品	办公桌	5 0 2 5 6 4		√
购买椅子	低值易耗品	椅子	6 8 3 7 6		√
进项税额	应交税费	待认证进项税额	9 7 0 6 0		√
付款	银行存款			6 6 8 0 0 0	√
	合　计		6 6 8 0 0 0	6 6 8 0 0 0	

附单据2张

会计主管　　　　记账　张　青　　审核　　　　出纳　　　　制单　秦　兵

图 1-21

这笔业务涉及了商品账和税金账。

"低值易耗品"，因为有数量，要按品种记在数字金额式明细账上。

这是办公桌的账页（见图1-22）。

还有一张记载"椅子"的账页，这里不重复了。

这里的应交增值税是进项税额，记在专门的账簿里（见图1-23）。

还有一笔"银行存款"，接着记在银行存款日记账上（见图1-24）。

3. 购买的桌椅都放在会议室使用了。因为价钱不多，领用时一次性摊销了。

在"低值易耗品"的账上，按记账凭证，把金额抄写在贷方栏，余额是0。在金额"元"的位置写"θ"，这是会计上的特殊写法（见图1-25）。

做记账凭证（见图1-26）。

低值易耗品明细账

类别：办公用品
名称：办公桌
规格：
计量单位：张

20×× 年		凭证编号	摘要	数量	单价	借方 金额 亿千百十万千百十元角分	贷方 金额 亿千百十万千百十元角分	余额 亿千百十万千百十元角分
月	日							
1	10	2	购入	10	502.56	5 0 2 5 6 4		

图 1-22

明细分类账

会计科目 应交税费　　明细科目 待认证进项税额

20×× 年		凭证编号	摘要	借方 亿千百十万千百十元角分	贷方 亿千百十万千百十元角分	借或贷	余额 亿千百十万千百十元角分
月	日						
1	10	2	购买设备税金	9 7 0 6 0		借	9 7 0 6 0

图 1-23

银行存款日记账

20××年		凭证编号	摘要	借方 亿千百十万千百十元角分	贷方 亿千百十万千百十元角分	借或贷	余额 亿千百十万千百十元角分	核对号
月	日							
1	8	1	存投资款	5 0 0 0 0 0 0 0		借	5 0 0 0 0 0 0 0	
	10	2	购买桌椅		6 6 8 0 0 0	借	4 9 3 3 2 0 0	

图 1-24

低值易耗品明细账

类别：办公用品
名称：办公桌
规格： 计量单位：张

20××年		凭证编号	摘要	借方			贷方			余额		
				数量	单价	金额 百十万千百十元角分	数量	单价	金额 百十万千百十元角分	数量	单价	金额 百十万千百十元角分
月	日											
1	10	2	购入	10	502.56	5 0 2 5 6 4				10	502.56	5 0 2 5 6 4
	10	3	领用				10		5 0 2 5 6 4	0		0

图 1-25

97

记 账 凭 证

20××年1月10日　　　　　　　编号　3

摘要	总账科目	明细科目	借方金额 百十万千百十元角分	贷方金额 百十万千百十元角分	记账符号
领用桌椅	管理费用	办公费	5 7 0 9 4 0		√
领用	低值易耗品	办公桌		5 0 2 5 6 4	√
领用	低值易耗品	椅子		6 8 3 7 6	√
	合　　计		5 7 0 9 4 0	5 7 0 9 4 0	

附单据 1 张

会计主管　　　　　记账　张青　　　审核　　　　出纳　　　　制单　秦兵

图 1-26

办公桌椅领用后，账面上没有了金额，但是要记在备查账户上，以备清查财产的时候与实物核对。

在管理费用账上，记到自设的"办公费"栏（见图 1-27）。

4. 购买一套生产线，价值 172 800 元。增值税专用发票显示：金额 147 692.31 元，税额 25 107.69 元。付款后供货方负责安装和运输。设备已安装，货款已支付，发票未认证。

做记账凭证（见图 1-29）。

这笔业务涉及了固定资产账。

"固定资产"因为也有数量，但是不能放在数字金额账里，它有自己特定的账簿，就是这个（见图 1-28）。

固定资产要按品种记，账里有折旧、净额，下个月计提折旧的时候，"累计折旧"也要记在这里。

"银行存款"和"应交税费"自己记到账上吧。

假设现在到了 2 月份，为了练习，这里的记账凭证依然按顺序排号。

按理说，每个月都要汇总的，我们先练习做记账凭证和记账，汇总的事情稍后再说。

5. 2月，需要对这条生产线计提折旧。机器设备的最低折旧年限是 10 年，去掉净残值，本月开始，每个月计提折旧费 1 192 元。

多栏式明细账

科目名称：管理费用

20××年		凭证编号	摘要	借方	贷方	借或贷	余额	费用项目			
月	日							工资	办公费	折旧费	广告费
1	10	4	领用桌椅	570940		借			570940		

图1-27

固定资产明细账

固定资产类别：生产设备
使用部门：车间
产品名称：一号生产　　单位：套　　数量：1　　月折旧率：

20××年		凭证编号	摘要	原价			折旧			净值
月	日			借方	贷方	借方余额	借方	贷方	贷方余额	
1	12	4	购买设备	1476923１		1476923１				

图1-28

记 账 凭 证

20××年1月12日　　　　　　编号　4

摘要	总账科目	明细科目	借方金额 百十万千百十元角分	贷方金额 百十万千百十元角分	记账符号
购买生产线	固定资产	生产设备	1 4 7 6 9 2 3 1		√
进项税额	应交税费	待认证进项税额	2 5 1 0 7 6 9		√
付款	银行存款			1 7 2 8 0 0 0 0	√
	合计		1 7 2 8 0 0 0 0	1 7 2 8 0 0 0 0	

附单据 2 张

会计主管　　　记账 张 青　　审核　　　出纳　　　制单 秦 兵

图 1-29

做记账凭证（见图 1-30）。

这笔业务涉及了制造费用账和固定资产账。

"制造费用"要选用多栏式明细账，因为里面有很多的空栏，可以设置不同的费用项目（见图 1-31）。

记 账 凭 证

20××年2月20日　　　　　　编号　5

摘要	总账科目	明细科目	借方金额 百十万千百十元角分	贷方金额 百十万千百十元角分	记账符号
计提折旧	制造费用	折旧费	1 1 9 2 0 0		√
计提折旧	累计折旧			1 1 9 2 0 0	√
	合计		1 1 9 2 0 0	1 1 9 2 0 0	

附单据 2 张

会计主管　　　记账 张 青　　审核　　　出纳　　　制单 秦 兵

图 1-30

"累计折旧"记在"固定资产"账的"折旧"栏（见图 1-32）。

100

多栏式明细账

科目名称：制造费用

20××年		凭证编号	摘要	合计		工资	办公费	折旧费	费用项目明细 社保费		
月	日			千百十万千百十元角分		千百十万千百十元角分	千百十万千百十元角分	千百十万千百十元角分	千百十万千百十元角分		
2	20	5	设备折旧费	1192 00				1192 00			

图 1-31

固定资产明细账

固定资产类别：生产设备　　　　　　　　产品名称：一号生产　　　　单位：套　　数量：1　　月折旧率：

使用部门：车间

20××年		凭证编号	摘要	原价 借方	贷方	余额	折旧 借方	贷方	余额	净值
月	日			千百十万千百十元角分	千百十万千百十元角分	千百十万千百十元角分	千百十万千百十元角分	千百十万千百十元角分	千百十万千百十元角分	千百十万千百十元角分
1	10	3	购买设备	1476923 1		1476923 1				
2	20	5	计提折旧					1192 00	1192 00	1465003 1

图 1-32

从固定资产的账上看,固定资产的"原价"减去"折旧",就是固定资产的"净值",也叫固定资产账面余额。

现在,这套设备的账面余额就是 146 500.31 元,下个月还要计提折旧,账面余额又减少了。

6. 提取现金 6 000 元,用于零星支出。

做记账凭证(见图 1-33):

记 账 凭 证

20××年2月20日　　　　　　　编号　6

摘　要	总账科目	明细科目	借方金额 百十万千百十元角分	贷方金额 百十万千百十元角分	记账符号
取现金	库存现金		6 0 0 0 0 0		√
取现金	银行存款			6 0 0 0 0 0	√
	合　计		6 0 0 0 0 0	6 0 0 0 0 0	

附单据 6 张

会计主管　　　　记账　张　青　　审核　　　　出纳　　　　制单　秦　兵

图 1-33

这笔业务涉及了库存现金日记账(见图 1-34)。

银行存款日记账已经练习过了,这里就不讲了。

7. 用现金支付管理部门购买的办公用品费,共计 5 130 元。

做记账凭证(见图 1-35)。

这笔业务又涉及了现金日记账和费用账。

现金日记账(见图 1-36)。

管理费用账自己接着前面的记。

正常情况下,每个月要把损益类的账户结转到"本年利润"科目,这里是举例讲解账簿的,所以没有严格按照时间进行账务处理,全当是一个月的业务吧,到了最后再做结转。

8. 从 F 公司购买 A 材料 3 500 公斤,已办理入户。其中材料款金额 22 367.52 元,税额 3 802.48 元,合计 26 170 元。材料款未支付,发票已认证。

做记账凭证(见图 1-37):

库存现金日记账

20××年		凭证编号	摘要	借方 亿千百十万千百十元角分	贷方 亿千百十万千百十元角分	余额 亿千百十万千百十元角分	核对号
月	日						
2	20	6	取现金	6 0 0 0 0 0		6 0 0 0 0 0	

图1-34

库存现金日记账

20××年		凭证编号	摘要	借方 亿千百十万千百十元角分	贷方 亿千百十万千百十元角分	余额 亿千百十万千百十元角分	核对号
月	日						
1	12	5	取现金	6 0 0 0 0 0		6 0 0 0 0 0	
2	20	7	购买办公用品费等		5 1 3 0 0 0	8 7 0 0 0	

图1-35

记 账 凭 证

20××年2月20日　　　　　编号　7

摘要	总账科目	明细科目	借方金额 百十万千百十元角分	贷方金额 百十万千百十元角分	记账符号
购买办公用品	管理费用	办公费	5 1 3 0 0 0		√
付现金	库存现金			5 1 3 0 0 0	√
		合计	5 1 3 0 0 0	5 1 3 0 0 0	

附单据 6 张

会计主管　　　记账 张青　　审核　　　出纳　　　制单 秦兵

图 1－36

记 账 凭 证

20××年2月21日　　　　　编号　8

摘要	总账科目	明细科目	借方金额 百十万千百十元角分	贷方金额 百十万千百十元角分	记账符号
购买3 500公斤	原材料	A材料	2 2 3 6 7 5 2		√
进项税额	应交税费	应交增值税	3 8 0 2 4 8		√
欠款	应付账款	F公司		2 6 1 7 0 0 0	√
		合计	2 6 1 7 0 0 0	2 6 1 7 0 0 0	

附单据 2 张

会计主管　　　记账 张青　　审核　　　出纳　　　制单 秦兵

图 1－37

需要说明的是，这里的"应交税费——应交增值税"的"进项税额"，应该写在二级科目后面，因为手工记账凭证的格式所限，只能写在摘要栏，记账的时候记在"进项税额"栏目里，后面也有同样的问题。电算会计就简单了，选择科目的时候一直选到明细项目，便全部显示出来了。

这笔业务涉及三种账簿：数字金额式明细账、三栏式明细账和多栏式明细账。

"原材料"需要数字和单价的记载，必须使用这样的账簿（见图1－38）。

这是通用的商品账，"库存商品"也可以记在这里，同"低值易耗品"一样，也要按品种记账。

"应付账款"使用三栏明细账（见图1－39）。

原 材 料 明 细 账

品名 A材料　　　　　　　　　　　　　　　　　　　　　　　　　单位 公斤　　规格

20××年		凭证编号	摘要	借方			贷方			余额	
月	日			数量	单价	金额 千百十万千百十元角分	数量	单价	金额 千百十万千百十元角分	数量	单价	金额 千百十万千百十元角分
2	21	8	购入	3 500	6.39	2 2 3 6 7 5 2					

图 1-38

明 细 分 类 账

会计科目 应付账款　　明细科目 F公司

20××年		凭证编号	摘要	借方 千百十万千百十元角分	贷方 千百十万千百十元角分	借或贷	余额 千百十万千百十元角分
月	日						
2	21	8	欠款		2 6 1 7 0 0 0	贷	2 6 1 7 0 0 0

图 1-39

"应交税费——应交增值税（进项税额）"，你自己记到前面的账上吧。

9. 月末，支付欠 F 公司的货款 26 170.00 元。

做记账凭证（见图 1-40）：

记 账 凭 证

20××年2月28日　　　　　　　　编号　9

摘 要	总账科目	明细科目	借方金额 百十万千百十元角分	贷方金额 百十万千百十元角分	记账符号
还款	应付账款	F 公司	2 6 1 7 0 0 0		√
还款	银行存款			2 6 1 7 0 0 0	√
合　计			2 6 1 7 0 0 0	2 6 1 7 0 0 0	

附单据 2 张

会计主管　　　记账 张 青　　审核　　　出纳　　　制单 秦 兵

图 1-40

这笔业务涉及了银行存款日记账和应付账款明细账。

银行存款日记账自己记吧。

应付款欠款时记在贷方，还款时记在借方，全部还款，余额为零。

"应付账款——F 公司"明细账记完账是这样（见图 1-41）。

因为这笔业务是一周后发生的，记账凭证的编号也许已经排到 25 号了。这里只为了讲解账簿，就别计较编号的问题了。

10. 领用材料 2 000 公斤，用于生产产品。因为购买原材料的成本每公斤是 6.39 元，2 000 公斤是 12 780 元。

做记账凭证（见图 1-43）。

这笔业务涉及了材料账和成本账。

"原材料"接着记账，顺便算出数量和余额（见图 1-42）。

明 细 分 类 账

会计科目 应付账款　　　明细科目 F公司

20××年		凭证编号	摘要	借方 千百十万千百十元角分	贷方 千百十万千百十元角分	借或贷	余额 千百十万千百十元角分
月	日						
1	15	7	欠款		2 6 1 7 0 0 0	贷	2 6 1 7 0 0 0
2	28	9	还款	2 6 1 7 0 0 0		平	0

图 1-41

原 材 料 明 细 账

品名 原材料　　　　　　　　　规格　　　　　　　单位 公斤

20××年		凭证编号	摘要	借方			贷方			余额		
				数量	单价	金额 千百十万千百十元角分	数量	单价	金额 千百十万千百十元角分	数量	单价	金额 千百十万千百十元角分
月	日											
1	15	7	购入	3 500	6.39	2 2 3 6 7 5 2				3 500	6.39	2 2 3 6 7 5 2
2	28	10	耗用				2 000	6.39	1 2 7 8 0 0 0	1 500	6.39	9 5 8 7 5 2

图 1-42

记 账 凭 证

20××年2月28日　　　　　编号　10

摘要	总账科目	明细科目	借方金额 百十万千百十元角分	贷方金额 百十万千百十元角分	记账符号
生产领用材料	生产成本	直接材料	1 2 7 8 0 0 0		√
领用2 000公斤	原材料	A材料		1 2 7 8 0 0 0	√
	合　计		1 2 7 8 0 0 0	1 2 7 8 0 0 0	

附单据 2 张

会计主管　　　记账　张青　　审核　　　　出纳　　　　制单　秦兵

图 1-43

"生产成本"一般是按车间和品种记账，这本账通常有三个明细科目：直接材料、直接人工、制造费用（见图1-44）。

11. 本月分配工资：管理人员工资16 500元，销售人员工资8 300元，车间管理人员工资9 100元，车间工人工资34 800元，共计68 700元。

这笔业务涉及了费用账和成本账，前边都记过了，你可以试着把它们记到前边的账上。"销售费用"与"管理费用"一样，可以放在同一本费用账里。

"应付职工薪酬"使用三栏账（见图1-45）：

做记账凭证（见图1-46）：

生产成本明细账

车间：生产车间　　　　　　　　　　　　　　　　　　　　　　　产品：甲产品

20××年		凭证编号	摘要	产量	成本项目			成本合计
月	日				直接材料	直接人工	制造费用	
					千百十万千百十元角分	千百十万千百十元角分亿千	千百十万千百十元角分	千百十万千百十元角分
2	28	10	本月耗用材料		1 2 7 8 0 0 0			1 2 7 8 0 0 0

图 1-44

明 细 分 类 账

会计科目：应付职工薪酬　　　明细科目：工资

20××年		凭证编号	摘要	借方	贷方	借或贷	余额
月	日			千百十万千百十元角分	千百十万千百十元角分		千百十万千百十元角分
2	28	11	本月计提		6 8 7 0 0 0 0	贷	6 8 7 0 0 0 0

图 1-45

记 账 凭 证

20××年2月28日　　　　　编号 _11_

摘要	总账科目	明细科目	借方金额 百十万千百十元角分	贷方金额 百十万千百十元角分	记账符号
本月工资	管理费用	工资	1 6 5 0 0 0 0		√
本月工资	销售费用	工资	8 3 0 0 0 0		√
本月工资	制造费用	工资	9 1 0 0 0 0		√
本月工资	生产成本	工资	3 4 8 0 0 0 0		√
计提工资	应付职工薪酬	工资		6 8 7 0 0 0 0	√
合　计			6 8 7 0 0 0 0	6 8 7 0 0 0 0	

会计主管　　　记账 张 青　　审核　　　出纳　　　制单 秦 兵

附单据 _1_ 张

图 1-46

"生产成本"明细账（见图1-47）：

"制造费用"明细账（见图1-48）：

"管理费用"明细账（见图1-49）：

"销售费用"明细账（见图1-50）：

12. 虽然我们的业务不全面，但截至月末，看出"制造费用"的金额是10 292元，要全额转到"生产成本"科目。

做记账凭证（见图1-51）：

生产成本明细账

车间：生产车间　　　　　　　　　　　　　　　　　　　　　　　　　　产品：甲产品

20×× 年		凭证编号	摘要	产量	成本项目 直接材料 千百十万千百十元角分	成本项目 直接人工 千百十万千百十元角分	成本项目 制造费用 千百十万千百十元角分	成本合计 亿千百十万千百十元角分
月	日							
1	31	17	本月耗用材料		1 2 7 8 0 0 0 0			1 2 7 8 0 0 0 0
2	28	11	工人工资			3 4 8 0 0 0 0		3 4 8 0 0 0 0

图 1－47

多栏式明细账

科目名称：制造费用

20×× 年		凭证编号	摘要	借方 千百十万千百十元角分	贷方 千百十万千百十元角分	借贷	余额 千百十万千百十元角分	费用项目 工资 千百十万千百十元角分	费用项目 社保费 千百十万千百十元角分	费用项目 折旧费 千百十万千百十元角分
月	日									
2	20	5	设备折旧费	1 1 9 2 0 0		借	1 1 9 2 0 0			1 1 9 2 0 0
2	28	11	本月工资	9 1 0 0 0 0			1 0 2 9 2 0 0	9 1 0 0 0 0		

图 1－48

111

多栏式明细账

科目名称：管理费用

20××年		凭证编号	摘要	借方	贷方	借或贷	余额	工资	办公费	费用项目 折旧费	广告费
月	日										
1	10	4	领用桌椅	570940					570940		
2	20	7	购买办公用品等	513000					513000		
2	28	11	工资	1650000				1650000			

图 1-49

科目名称：销售费用

20××年		凭证编号	摘要	借方	贷方	借或贷	余额	工资	运输费	费用项目 折旧费	广告费
月	日										
2	28	11	工资	830000				830000			

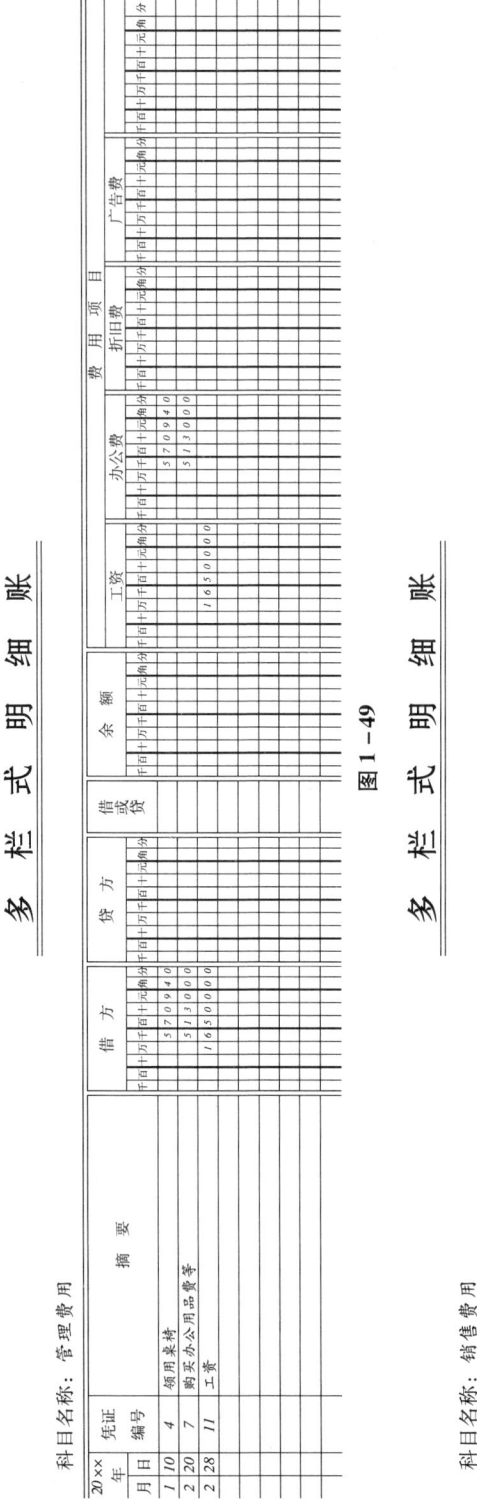

图 1-50

记 账 凭 证

20××年2月28日　　　　　　　编号　12

摘　要	总账科目	明细科目	借方金额 百十万千百十元角分	贷方金额 百十万千百十元角分	记账符号
结转制造费用	生产成本	制造费用	１０２９２００		√
结转制造费用	制造费用			１０２９２００	√
合　计			１０２９２００	１０２９２００	

附单据 1 张

会计主管　　　记账 张　青　　审核　　　　　出纳　　　　　制单 秦　兵

图 1-51

13. 假设本月没有在产品，都是完工产品，经过验收合格后办理了入库手续。甲产品160件，单价361.70元，总成本是57 872元。

做记账凭证（见图1-52）：

记 账 凭 证

20××年2月28日　　　　　　　编号　13

摘　要	总账科目	明细科目	借方金额 百十万千百十元角分	贷方金额 百十万千百十元角分	记账符号
产品入库160件	库存商品	甲产品	５７８７２００		√
结转完工产品	生产成本			５７８７２００	√
合　计			５７８７２００	５７８７２００	

附单据 1 张

会计主管　　　记账 张　青　　审核　　　　　出纳　　　　　制单 秦　兵

图 1-52

"制造费用"账结转后无余额（见图1-53）。

"生产成本"的三个项目全了（见图1-54）。

"库存商品"使用数字金额式明细账（见图1-55）：

"生产成本"记到账上是这样（见图1-56）：

多栏式明细账

科目名称：制造费用

20××年		凭证编号	摘要	借方	贷方	借或贷	余额	工资	社保费	折旧费	费用项目
月	日										
2	20	5	设备折旧费	11920 0						11920 0	
2	28	11	本月工资	91000 0				91000 0			
	28	12	月末结转		102920 0	借	—				

图 1-53

生产成本明细账

车间：生产车间　　产品：甲产品

20××年		凭证编号	摘要	成本项目			成本合计
				直接材料	直接人工	制造费用	
月	日						
2	28	10	本月耗用材料	1278000			1278000
	28	11	工人工资		348000		348000
	28	12	结转制造费用			102920 0	102920 0

图 1-54

商品明细账

品名：库存商品——甲产品　　　　　　　　　　　单位：件　　规格：_____

20××年		凭证编号	摘要	借方			贷方			余额		
月	日			数量	单价	金额（千百十万千百十元角分）	数量	单价	金额（千百十万千百十元角分）	数量	单价	金额（千百十万千百十元角分）
2	28	13	产品入库	160	361.70	5 7 8 7 2 0 0				160	361.70	5 7 8 7 2 0 0

图 1-55

生产成本明细账

车间：生产车间　　　　　　　　　　　产品：甲产品

20××年		凭证编号	摘要	产量	成本项目				成本合计
					直接材料	直接人工	制造费用		
月	日				千百十万千百十元角分	千百十万千百十元角分	千百十万千百十元角分		亿千百十万千百十元角分
2	28	10	本月耗用材料		1 2 7 8 0 0 0				1 2 7 8 0 0 0
2	28	11	工人工资			3 4 8 0 0 0 0			3 4 8 0 0 0 0
2	28	12	结转制造费用				1 0 2 9 2 0 0		1 0 2 9 2 0 0
2	28		生产费用累计		1 2 7 8 0 0 0	3 4 8 0 0 0 0	1 0 2 9 2 0 0		5 7 8 7 2 0 0
2	28	13	本月完工产品成本	160	1 2 7 8 0 0 0	3 4 8 0 0 0 0	1 0 2 9 2 0 0		5 7 8 7 2 0 0
2	28		完工单位成本		7 9 8 8	2 1 7 5 0	6 4 3 2		3 6 1 7 0

图 1-56

这本账的记法与众不同，当所有的费用入账后，要把本月发生的费用累计起来，在"摘要栏"写上"生产费用累计"。然后接着按记账凭证里分配的"本月完工产品成本"。把成本项目分别除以产量就是"完工产品单位成本"。

如果本月有在产品，也就是未完工产品，就要把"生产费用累计"减去"本月完工产品成本"，剩余的就是"在产品费用"，这也是结转到下个月的余额。填制资产负债表的时候，这笔余额要记在"存货"金额里。

至于生产费用是怎么在完工产品和在产品之间进行分配的，后面会讲到。

这里的业务没有在产品，所以结转产品后没有余额。

14. 销售甲产品 150 件，单价 490 元，收到货款 73 500 元。开出增值税专用发票一张：商品金额 62 820.51 元，税额 10 679.49 元。

做记账凭证（见图 1-57）：

记 账 凭 证

20××年2月28日　　　　　　编号　14

摘要	总账科目	明细科目	借方金额	贷方金额	记账符号
销售收款	银行存款	甲产品	73 500 00		√
销售产品	主营业务收入	甲产品		62 820 51	√
销项税额	应交税费	应交增值税		10 679 49	√
	合　计		73 500 00	73 500 00	

附单据 3 张

会计主管　　　记账 张 青　审核　　　出纳　　　制单 秦 兵

图 1-57

"主营业务收入"明细账（见图 1-58）：

有的企业收入项目多，需要按明细核算，那么记账的时候要分收入项目分账页记。

"应交税费——应交增值税（销项税额）"明细账（见图 1-59）：

明 细 分 类 账

会计科目：主营业务收入

20××年		凭证编号	摘要	借方									贷方									借或贷	余额								
月	日			千	百	十	万	千	百	十	元	角	分	千	百	十	万	千	百	十	元	角	分		千	百	十	万	千	百	十	元	角	分
2	28	14	本月销售														6	2	8	2	0	5	1	贷				6	2	8	2	0	5	1

图 1-58

应交税费（增值税）明细账

20××年		凭证编号	摘要	借方					贷方					借或贷	余额
月	日			合计	进项税额	已交税金	销项税额抵减	减免税额	合计	销项税额	进项税额转出	出口退税	转出多交增值税		
2	21	8	材料税金	380248	380248									借	380249
2	28	14	销售税金						1067949	1067949				贷	687701

图 1-59

15. 到了月末，在应交税费——应交增值税的账簿上有两笔账：一笔销项税 10 679.49 元，一笔进项税 3 802.48 元，进销税金抵减后是 6 877.01 元。这是本月应交纳增值税 6 877.01 元。

月份终了，当月发生的应交未交增值税额自"应交增值税"转入"未交增值税"，这样"应交税费——应交增值税"明细账就没有贷方余额了。

做记账凭证（见图 1-60）：

记 账 凭 证

20××年2月28日　　　　　　　　编号　15

摘要	总账科目	明细科目	借方金额 百十万千百十元角分	贷方金额 百十万千百十元角分	记账符号
转出未增值税	应交税费	应交增值税	6 8 7 7 0 1		√
本月未交税费	应交税费	未交增值税		6 8 7 7 0 1	√
合　计			8 2 5 2 4	8 2 5 2 4	

附单据 2 张

会计主管　　　　记账　张　青　　审核　　　　出纳　　　　制单　秦　兵

图 1-60

这笔业务涉及的"应交税费——应交增值税（转出未交增值税）"你来记，记到"应交税费——应交增值税"明细账中，记完后余额是平的就对了。

"应交税费——未交增值税"要用三栏式明细账（见图 1-61）：

16. 本月应缴纳增值税 6 877.01 元，计算出 7% 的城市维护建设税 481.39 元，3% 的教育费附加 206.31 元，2% 的地方教育附加 137.54 元，合计 825.24 元。

明 细 分 类 账

会计科目：应交税费　　　明细科目：未交增值税

20××年		凭证编号	摘要	借方 千百十万千百十元角分	贷方 千百十万千百十元角分	借或贷	余额 千百十万千百十元角分
2	28						
2	28	15	转出未交税金		6 8 7 7 0 1	贷	6 8 7 7 0 1

图 1-61

做记账凭证（见图 1-62）：

记 账 凭 证

20××年2月28日　　　　　编号 16

摘要	总账科目	明细科目	借方金额 百十万千百十元角分	贷方金额 百十万千百十元角分	记账符号
本月税费	税金及附加		8 2 5 2 4		√
本月税费	应交税费	应交城建税		4 8 1 3 9	√
本月税费	应交税费	应交教育费附加		2 0 6 3 1	√
本月税费	应交税费	应交地方教育附加		1 3 7 5 4	√
		合计	8 2 5 2 4	8 2 5 2 4	

附单据 4 张

会计主管　　　记账 张青　　　审核　　　出纳　　　制单 秦兵

图 1-62

这笔业务涉及的账簿都是三栏账。

"税金及附加"明细账（见图 1-63）：

应交税费——应交城市维护建设税（见图 1-64）：

明 细 分 类 账

会计科目：营业税金及附加

20××年		凭证编号	摘要	借方 千百十万千百十元角分	贷方 千百十万千百十元角分	借或贷	余额 千百十万千百十元角分
月	日						
2	28	25	本月税费	8 2 5 2 4		借	8 2 5 2 4

图 1-63

明 细 分 类 账

会计科目：应交税费——应交城建税

20××年		凭证编号	摘要	借方 千百十万千百十元角分	贷方 千百十万千百十元角分	借或贷	余额 千百十万千百十元角分
月	日						
2	28	25	本月税费		4 8 1 3 9	贷	4 8 1 3 9

图 1-64

121

应交税费账，除了"应交增值税"，其他的都用三栏账，这里就不占用篇幅了。

17. 月末，结转销售商品成本 150 件，库存商品的账上单价 361.70 元，总计 54 255 元。

做记账凭证（见图 1-65）：

记 账 凭 证

20××年2月28日　　　　　　编号　17

摘要	总账科目	明细科目	借方金额	贷方金额	记账符号
销售结转	主营业务成本		54255 00		√
销售结转	库存商品	甲产品		54255 00	√
合　计			54255 00	54255 00	

会计主管　　　　记账　张　青　审核　　　　出纳　　　　制单　秦　兵

附单据 1 张

图 1-65

"主营业务成本"明细账（见图 1-66）：

"库存商品"明细账（见图 1-67）：

这本账还是接着前期的"库存商品"账页记。

18. 月末结转损益。

结转损益之前要确认本月应该处理的账务都落实到账上了，还要确保明细账准确无误，账账相符，然后翻看前面的账，把损益类的账户余额抄下来。

明 细 分 类 账

会计科目：主营业务成本

20××年		凭证编号	摘要	借方 千百十万千百十元角分	贷方 千百十万千百十元角分	借或贷	余额 千百十万千百十元角分
月	日						
2	28	17	销售结转		5 4 2 5 5 0 0	借	5 4 2 5 5 0 0

图 1-66

商 品 明 细 账

品名：库存商品——甲产品　　　　　　　　　　　　　　　　　　　　　　　单位：件　　规格：

20××年		凭证编号	摘要	借方			贷方			余额	
月	日			数量	单价	金额 千百十万千百十元角分	数量	单价	金额 千百十万千百十元角分	数量	单价	金额 千百十万千百十元角分
2	28	13	产品入库	160	361.70	5 7 8 7 2 0 0				160	361.70	5 7 8 7 2 0 0
2	28	17	结转成本				150	361.70	5 4 2 5 5 0 0			

图 1-67

123

第一板斧　记　账

假设我们处理的账务是1个月的，损益类账户余额如下：

销售费用：借方 8 300.00

管理费用：借方 27 339.40

税金及附加：借方 825.24

主营业务成本：借方 54 255.00

主营业务收入：贷方 62 820.51

见到贷方余额的科目记借方，见到借方余额的科目记贷方，统统转移到"本年利润"科目之后，上述损益类科目就没有余额了。

做记账凭证（见图1-68、图1-69）：

记 账 凭 证

20××年2月28日　　　　　编号 18-1

摘要	总账科目	明细科目	借方金额 百十万千百十元角分	贷方金额 百十万千百十元角分	记账符号
结转利润	销售费用			8 3 0 0 0 0	√
结转利润	管理费用			2 7 3 3 9 4 0	√
结转利润	主营业务成本			5 4 2 5 5 0 0	√
结转利润	税金及附加			8 2 5 2 4	√
结转费用	本年利润		9 0 7 1 9 6 4		√
	合　　计		9 0 7 1 9 6 4	9 0 7 1 9 6 4	

附单据 1 张

会计主管　　　　记账 张青　　审核　　　　出纳　　　　制单 秦兵

图 1-68

记 账 凭 证

20××年2月28日　　　　编号　18-2

摘要	总账科目	明细科目	借方金额 百十万千百十元角分	贷方金额 百十万千百十元角分	记账符号
结转利润	主营业务收入		6 2 8 2 0 5 1		√
结转利润	本年利润			6 2 8 2 0 5 1	√
	合　计		6 2 8 2 0 5 1	6 2 8 2 0 5 1	

附单据 1 张

会计主管　　　　记账 张　青　　审核　　　　出纳　　　　制单 秦　兵

图 1-69

"本年利润"明细账（见图 1-70）：

这本账记完后顺便把余额结出来，下一步要以此计算企业所得税。

现在看"本年利润"的余额是借方的 27 898.13 元，说明亏损，刚开业亏损很正常。按税法规定，企业亏损是不用缴纳所得税的。但是有的税务机关要求每季度预缴所得税，随着经营也许以后年份就开始盈利了，到了年末再多退少补，也就是汇算清缴。

"管理费用"明细账（见图 1-71）：

剩余的科目你自己记吧，损益类的账户余额都是零就对了。

19. 假设本季度需要缴纳所得税 560 元。

做记账凭证（见图 1-72）：

这两笔业务涉及的科目，放在大杂烩的三栏明细账里。

"所得税费用"明细账（见图 1-73）：

"应交税费——应交企业所得税"明细账（见图 1-74）：

20. 结转所得税费用 560 元。

做记账凭证（见图 1-75）：

明 细 分 类 账

会计科目：本年利润

20××年		凭证编号	摘要	借方 千百十万千百十元角分	贷方 千百十万千百十元角分	借或贷	余额 千百十万千百十元角分
月	日						
2	28	17	结转费用	9 0 7 1 9 6 4			2 7 8 9 8 1 3
		18	结转收入		6 2 8 2 0 5 1	借	

图 1-70

多栏式明细账

科目名称：管理费用

20××年		凭证编号	摘要	借方 千百十万千百十元角分	贷方 千百十万千百十元角分	借或贷	余额 千百十万千百十元角分	费用项目
								工资 千百十万千百十元角分	办公费 千百十万千百十元角分	折旧费	广告费
月	日							
1	10	4	领用材料	5 7 0 9 4 0		借			5 7 0 9 4 0
2	20	7	购买办公用品等	5 1 3 0 0 0		借			5 1 3 0 0 0
2	28	11	工资	1 6 5 0 0 0 0		借	2 7 3 3 9 4 0	1 6 5 0 0 0 0
2	28	17	结转利润		2 7 3 3 9 4 0	平	⊖

图 1-71

记 账 凭 证

20××年2月28日　　　　　编号 __19__

摘要	总账科目	明细科目	借方金额 百十万千百十元角分	贷方金额 百十万千百十元角分	记账符号
预提所得税	所得税费用		5 6 0 0 0		√
预提所得税	应交税费	应交企业所得税		5 6 0 0 0	√
	合　计		5 6 0 0 0	5 6 0 0 0	

会计主管　　　记账 张 青　　审核　　　出纳　　　制单 秦 兵

附单据（　）张

图 1-72

"本年利润"和"所得税费用"明细账，你自己记到前面相应的账页上。

常见账务就讲解这么多，为了使账务衔接上，再看一笔3月份应纳税费的账务。

21. 到了下个月15日之前，一般纳税人抄报税后，缴纳增值税6 877.01元，城建税481.39元，教育费附加206.31元，地方教育附加137.54元。还有所得税560元，合计8 262.25元。

做记账凭证（见图1-76）：

"应交税费——应交城建税"明细账（见图1-77）：

明 细 分 类 账

会计科目：所得税费用

20××年		凭证编号	摘要	借方 千百十万千百十元角分	贷方 千百十万千百十元角分	借或贷	余额 千百十万千百十元角分
月	日						
2	28	29	预提	5 6 0 0 0			

图 1-73

明 细 分 类 账

会计科目：应交税费——应交所得税

20××年		凭证编号	摘要	借方 千百十万千百十元角分	贷方 千百十万千百十元角分	借或贷	余额 千百十万千百十元角分
月	日						
2	28	29	预提		5 6 0 0 0		

图 1-74

记 账 凭 证

20××年2月28日 编号 20

摘要	总账科目	明细科目	借方金额 百十万千百十元角分	贷方金额 百十万千百十元角分	记账符号
结转所得税	本年利润		5 6 0 0 0		√
结转所得税	所得税费用			5 6 0 0 0	√
	合 计		5 6 0 0 0	5 6 0 0 0	

会计主管   记账 张青   审核   出纳   制单 秦兵

附单据（ ）张

图 1-75

记 账 凭 证

20××年3月10日 编号 1

摘要	总账科目	明细科目	借方金额 百十万千百十元角分	贷方金额 百十万千百十元角分	记账符号
已交税金	应交税费	应交增值税	6 8 7 7 0 1		√
缴纳税金	应交税费	应交城建税	4 8 1 3 9		√
缴纳税金	应交税费	应交教育费附加	2 0 6 3 1		√
缴纳税金	应交税费	应交地方教育附加	1 3 7 5 4		√
缴纳税金	应交税费	应交企业所得税	5 6 0 0 0		√
交税金	银行存款			8 2 6 2 2 5	√
	合 计		8 2 4 2 6 5	8 2 6 2 6 5	

会计主管   记账 张青   审核   出纳   制单 秦兵

附单据（4）张

图 1-76

明 细 分 类 账

会计科目：应交税费——应交城建税

20××年		凭证编号	摘要	借方 千 百 十 万 千 百 十 元 角 分	贷方 千 百 十 万 千 百 十 元 角 分	借或贷	余额 千 百 十 万 千 百 十 元 角 分
月	日						
2	28	15	本月税费	4 8 1 3 9		贷	4 8 1 3 9
3	10	6	缴纳税费		4 8 1 3 9	平	0

图 1-77

交完税金，这本账的余额就是零了。

在实际工作中，每月要交纳的税金还有房产税、土地使用税、代扣代缴的个人所得税等，会计应该根据本企业的实际情况申报纳税并处理账务。

（三）余额计算

前面涉及了好多余额的问题，现在看已经不是问题了，尤其是使用财务软件的。还是看几本账的实例练习一下吧。

先看"库存现金"日记账（见图 1-78）：

库 存 现 金 日 记 账

20××年		凭证编号	摘要	借方									贷方									余额									核对号
月	日			亿	千	百	十	万	千	百	十	元	角	分	亿	千	百	十	万	千	百	十	元	角	分	亿	千	百	十	万	千	百	十	元	角	分	
1	12	5	取现金					6	0	0	0	0	0																		6	0	0	0	0	0	
2	20	17	报销办公用品费等																	5	1	3	0	0	0							8	7	0	0	0	

图 1-78

本月只发生了两笔业务，借方发生额是 6 000 元，贷方发生额是 5 130 元，借方减去贷方等于 870 元，余额就在借方。

这是最简单的，如果发生额多，就累计起来算。因为手工账每个月都要做月结。

再看"本年利润"明细账（见图 1-79）：

"本年利润"的余额是借方余额 28 459.13 元。

借方合计是 91 279.64 元，贷方合计是 62 820.51 元。

大数减小数：91 279.64 - 62 820.54 = 28 459.13（元）

大数的记账方向是借方，那么余额也是借方。

如果上年有余额的，要把前期余额加在同方向的金额中再计算。

比如：西达公司的应收账款（见图 1-80）：

明 细 分 类 账

会计科目：本年利润

20××年 月	日	凭证编号	摘要	借方 千百十万千百十元角分	贷方 千百十万千百十元角分	借或贷	余额 千百十万千百十元角分
2	28	27	结转费用	9 0 7 1 9 6 4		借	9 0 7 1 9 6 4
2	28	28	结转收入		6 2 8 2 0 5 1	借	2 7 8 9 9 1 3
2	28	30	结转所得税费用	5 6 0 0 0		借	2 8 4 5 9 1 3

图 1-79

明 细 分 类 账

会计科目　应收账款　　　明细科目　西达公司

20××年 月	日	凭证编号	摘要	借方 亿千百十万千百十元角分	贷方 亿千百十万千百十元角分	借或贷	余额 亿千百十万千百十元角分
			上年结转			借	1 9 0 0 0 0 0
1	20	31	欠货款	3 0 0 0 0 0 0			
1	31	58	换货款		4 0 0 0 0 0 0	借	9 0 0 0 0 0

图 1-80

132

前期余额是借方的 19 000 元,本期借方发生额是 30 000 元,贷方发生额是 40 000 元。期末余额是多少?

期末余额 = 19 000 + 30 000 - 40 000 = 9 000（元）

如果前期余额是 8 000 元。本期借方发生额是 30 000 元,贷方发生额是 40 000 元。那么期末余额是多少?

期末余额 = 8 000 + 30 000 - 40 000 = -2 000（元）

西达公司的期末余额是贷方 2 000 元,说明资产变成了负债。

结论：大数的方向是哪方,余额方向就是哪方。

(四) 承前过次

记账满页后,你要做"承前过次",就是"承前页"、"过次页"。

假设业务员李四,每个月都有借款、还款发生,"其他应收款"账记满了一页后,先做"过次页"(见图 1-81)：

然后把"过次页"的借贷方金额抄写到下一页,就是"承前页"了(见图 1-82)。

前面有关于承前过次的解释,现在看到账了,一下子就有立体感了吧。

(五) 科目汇总

科目汇总是为了登记总账,汇总的方法一般使用"丁字账",这是手工账不可缺少的一步,在财务软件里已经省略了这个步骤,你应该知道汇总是怎么回事,对增强你的理论知识有好处。就像有人问你 23 乘以 15 等于多少,你可以直接按计算器,但是小学生还是要学习运算过程的。

1. 汇总方法

汇总使用"丁字账",我觉得叫"干字账"更形象。就是画个"干"字,上面写上会计科目,下面竖格的左面是借方,竖格的右边是贷方,与会计账簿的方向是一样的。根据记账凭证里的科目一一列出,把借贷方金额抄上去,再画一横,下面是合计数。

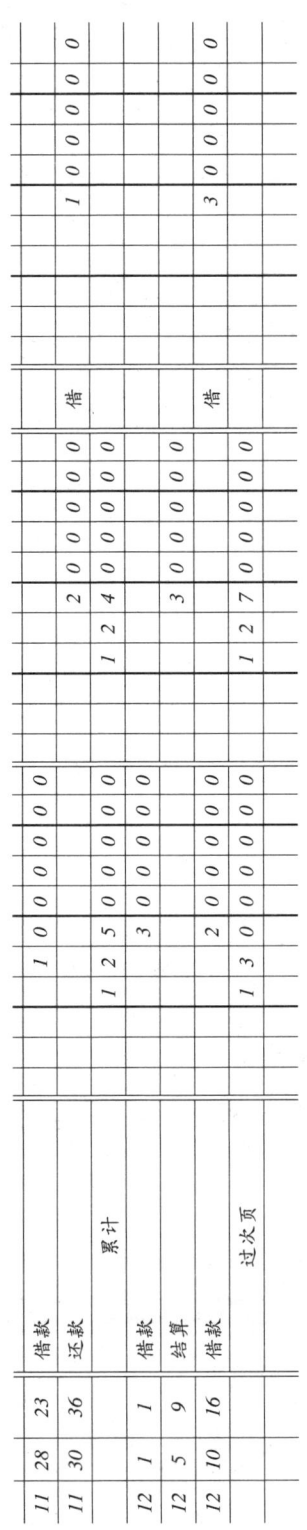

11	28	借款	1	0	0	0	0	0						1	0	0	0	0
11	30	还款								2	0	0	0	0				
		累计	1	2	5	0	0	0	1	2	4	0	0	0	借	1	0	0 0 0
12	1	借款																
12	5	结算	3	0	0	0	0	0		3	0	0	0	0				
12	10	借款	2	0	0	0	0	0										
		过次页	1	3	0	0	0	0	1	2	7	0	0	0	借	3	0	0 0 0

图 1-81

明 细 分 类 账

会计科目：其他应收款　　明细科目 李四

20××年		凭证编号	摘要	借方 亿千百十万千百十元角分	贷方 亿千百十万千百十元角分	借或贷	余额 亿千百十万千百十元角分
月	日						
			承前页	1 3 0 0 0 0 0 0	1 2 7 0 0 0 0 0	借	3 0 0 0 0 0

图 1-82

2. 汇总次数

每月都要汇总，其次数要看业务量。有的企业业务多，每个月要汇总三五次的甚至更多。有的业务少，1 个月可能只有一两次。

有人按时间汇总，10 天一次，或者半月一次。我觉得还是按凭证的厚度汇总比较合理。

我当会计的时候，当做好的记账凭证（包括原始凭证）累积到 3 公分厚的时候，我就汇总。这样装订起来的记账凭证厚度一致，显得整齐好看也规范。使用财务软件的，每个月结束后，把记账凭证打印出来，粘贴原始凭证，然后按合理的厚度进行装订。

3. 汇总实例

假设上述 1～20 号业务是 1 个月发生的，下面开始汇总（见表 1-62）。

表 1-62　　　　　　　　　　　丁字账

库存现金		银行存款	
借方	贷方	借方	贷方
6 000.00	5 130.00	500 000.00	6 680.00
		73 500.00	172 800.00
			6 000.00
			26 170.00
6 000.00	5 130.00	573 500.00	211 650.00

库存商品		应交税费	
借方	贷方	借方	贷方
57 872.00	54 255.00	970.60	10 679.49
			6 877.01
		25 107.69	825.24
		3 802.48	560.00
		6 877.01	
57 872.00	54 255.00	36 757.78	18 941.74

主营业务收入	
借方	贷方
62 820.51	62 820.51
62 820.51	62 820.51

应付账款	
借方	贷方
26 170.00	26 170.00
26 170.00	26 170.00

累计折旧	
借方	贷方
	1 192.00
—	1 192.00

固定资产	
借方	贷方
147 692.31	
147 692.31	

管理费用	
借方	贷方
5 709.40	27 339.40
5 130.00	
16 500.00	
27 339.40	27 339.40

销售费用	
借方	贷方
8 300.00	8 300.00
8 300.00	8 300.00

应付职工薪酬	
借方	贷方
	68 700.00
	68 700.00

生产成本	
借方	贷方
12 780.00	57 872.00
34 800.00	
10 292.00	
57 872.00	57 872.00

所得税费用	
借方	贷方
560.00	560.00
560.00	560.00

实收资本	
借方	贷方
	500 000.00
	500 000.00

低值易耗品	
借方	贷方
5 709.40	5 709.40
5 709.40	5 709.40

原材料	
借方	贷方
22 367.52	12 780.00
22 367.52	12 780.00

主营业务成本	
借方	贷方
54 255.00	54 255.00
54 255.00	54 255.00

制造费用	
借方	贷方
1 192.00	10 292.00
9 100.00	
10 292.00	10 292.00

本年利润	
借方	贷方
90 719.64	62 820.51
560.00	
91 279.64	62 820.51

税金及附加	
借方	贷方
825.24	825.24
825.24	825.24

把这些会计科目抄写在科目汇总表上，再分别累计出借贷方金额。

抄写的时候，最好按总账上的目录顺序，总账目录最好是按资产负债表的项目顺序。因为会计记账的最终目的是编制会计报表，因此都要向报表看齐（见表1-63）。

表1-63　　　　　　　　　　科目汇总表

会计科目	借方	贷方
库存现金	6 000.00	5 130.00
银行存款	573 500.00	211 650.00
原材料	22 367.52	12 780.00
库存商品	57 872.00	54 255.00
低值易耗品	5 709.40	5 709.40
固定资产	147 692.31	
累计折旧		1 192.00
应付账款	26 170.00	26 170.00
应付职工薪酬		68 700.00
应交税费	29 880.77	18 941.74
实收资本		500 000.00
本年利润	91 279.64	62 820.51
生产成本	57 872.00	57 872.00
制造费用	10 292.00	10 292.00

续表

会计科目	借方	贷方
主营业务收入	62 820.51	62 820.51
主营业务成本	54 255.00	54 255.00
税金及附加	825.24	825.24
销售费用	8 300.00	8 300.00
管理费用	27 339.40	27 339.40
所得税费用	560.00	560.00
合计	1 189 612.80	1 189 612.80

合计金额借贷方相等，说明汇总成功！

手工账也许有这种情况：汇总的时候有一张记账凭证漏记了，结果借贷方也是相等的。这张凭证你可能已经记账了，当你对账的时候会发现明细账余额与总账余额对不起来，这时候你就知道总账的重要性了。

（六）登记总账

记明细账不难，记总账更简单。

还记得我刚参加工作的时候，看见记总账的会计很是羡慕，觉得总账会计很高深。自己做了两个月的会计后，发现总账是最好记的。再后来明白了，总账会计还要负责做财务报表，那才是技术活儿。我又开始佩服了。现在有了财务软件，设置一下财务报表自动编出来了。科技在进步，对会计水平的衡量也发生了变化。现在这一切都被财务软件代劳，会计的精力应该更多地放在财务管理上，这也是提高身价的途径。

科目汇总表出来后，根据上面的汇总金额登记总账。

总账选择一本三栏式的账簿。

这是原材料的总账（见图1-83）：

其他的总账也记在这本账里，只不过每个账户都要另起一页。比如，每个月汇总次数多的，就多留几页；少的，有两页足矣。

这张科目汇总表，要与汇总的记账凭证一起装订，一般是放在最前面。

（七）核对账户

记完总账，第一件事要核对总账本身，看借贷方金额是否相等。然后看明细账的余额是否与总账上的余额相等,这就叫"账账相符",有些会计习惯叫"平账",或者叫"对账"。

比如,应交税费明细账是贷方余额5 000元,总账上对应的"应交税费"账户也应该是贷方余额5 000元,差了就是记错了。要么是明细账错了,要么是总账错了。如果总账本身是平的,那么多半是明细账记错了。

你知道怎么对账就行了,现在有了财务软件,如果你没有做错记账凭证,基本不会出现记错账的情况。

总 分 类 账

科目名称:原材料

20××年		凭证编号	摘要	借方										贷方										借或贷	余额									
月	日			亿	千	百	十	万	千	百	十	元	角	分	亿	千	百	十	万	千	百	十	元	角	分		亿	千	百	十	万	千	百	十	元	角	分
			上年结转																							借			2	8	3	6	4	2	5	0
2	28	1	1号到20号记账凭证				2	2	3	6	7	5	2					1	2	7	8	0	0	0		借			2	9	3	2	3	0	0	2

图 1-83

(八)记错更正

尽管使用财务软件的多了,记账的差错少了,但是在会计从业资格证书考试中,还有更正差错的试题。手工账下,改错是否规范,也是衡量会计基本功的标准。

记账容易犯的三种错误及更正方法:

1. 记账凭证是对的，账记错了，使用划线更正法

（1）文字错了：只在错误的文字上划红线，然后在错字的上方写上正确的字，最后盖上会计的私章，以示负责。

（2）数字错了：要在全部的数字上划红线，然后在其上方写上正确的数字，最后盖上会计的私章，以示负责。

现在你知道为什么记账的时候要留有空格了吧？就是为改错留有余地。

2. 记账凭证做错了，导致记账错误，当金额写多时，使用红字更正法

比如，销售商品获取的收入是 20 000 元，你误写成 120 000 元。记完账核对的时候发现了，这时候你要填写一张记账凭证，科目不变，只是在金额栏用红字写上多记的差额 100 000 元。

假如科目写错了，在"摘要栏"标注"更正×月×日×号凭证"字样，把原来的科目金额写成红字，再写正确的科目及金额。

以前会计见到红字，首先要想到这是冲账。现在很少见到了，因为电算会计体现不出"红"色的字，金额错了用"－"号代替，科目错了，用相反方向转出。

3. 记账凭证做错了，导致记账错误，当金额写少时，使用补充更正法

这个简单多了，只是在原来记账凭证的基础上，把少记的金额写上就可以了。

比如，销售商品获取的收入是 20 000 元，你误写成 12 000 元。记完账核对的时候发现了，这时候你要填写一张记账凭证，科目不变，只是在金额栏用写上少记的差额 8 000 元。

（九）月末结账

月末结账有两个含义，一是划分账务时段，二是结转本期账务。

1. 划分时段

到了月末，会计要把这个月的账做一个截止。不一定是月末那一天。有的企业，会计可能提前 3 天或者 5 天就停止一些业务了，一般纳税人也不开发票了，这样会减轻月末的工作量。

把应该记入本月的账务都处理完毕后就可以彻底结账了。

2. 结转账务

结转完利润后，体现在账上就是做"本月合计"。合计完了，这个月的

账才真正结束。

这是"主营业务收入"账户12月份的"本月合计"（见图1-84）。

（十）年末结账

年末所有的业务处理完毕并登记入账后，就要结账了。

结账需要做三件事：

1. 本年累计

为了报表，要把所有账簿1年的借贷方发生额分别累计出来，最后结出余额。

这是接上面的"主营业务收入"账户的"本年累计"（见图1-85）。

多数的"承前页"里的金额都是全年的累计数，所以"本年累计"以此往下累计就可以了。

注意："本年累计"是年末的，下面需要划双红线，表示结账。

2. 结转下年

到了年末，除了损益类账户没有余额外，其他的账户几乎都有余额，会计要把这些余额过渡到下一年新的账本里。这是手工账必做的事情。

但有些账户例外，比如，固定资产账，因为企业每年发生的业务很少，有的三年五年都没有增减变化，所以，固定资产账可以延续使用。还有就是往来账，如果应收款或者应付款明细账户多的，账簿也不用每年换。一是因为账户多加大了抄写的工作量；二是往来账有每笔的明细金额，换账后不方便查找与核对。

比如图1-85里的"主营业务收入"账户没有余额，就不用结转了。

"其他应收款""李四"的账户有余额，因为"承前页"后没有发生额，所以直接划双红线结账，然后在摘要栏注明"结转下年"。

像这样（见图1-86）：

3. 上年结转

把带有"结转下年"余额的科目转移到下一年度设置的新账上，在所属的摘要栏注明"上年结转"，抄写上年余额。

这是"其他应收款——李四"账户的余额过账（见图1-87）。

明 细 分 类 账

会计科目：主营业务收入

20××年		凭证编号	摘要	借方 亿千百十万千百十元角分	贷方 亿千百十万千百十元角分	借或贷	余额 亿千百十万千百十元角分
月	日						
			承前页				
12	1	2	销售商品	3 6 4 2 5 8 9 0 0			
	10		销售商品		2 6 3 5 0 0 0		
	21		销售商品		6 5 8 2 1 0 0		
	25		销售商品		8 1 5 3 2 0 0		
	31	51	结转利润	2 1 6 8 6 1 0 0	4 3 1 5 8 0 0	贷	2 1 6 8 6 1 0 0
			本月合计	2 1 6 8 6 1 0 0	2 1 6 8 6 1 0 0	平	0

图 1-84

明细分类账

会计科目：主营业务收入

20××年		凭证编号	摘要	借方 亿千百十万千百十元角分	贷方 亿千百十万千百十元角分	借或贷	余额 亿千百十万千百十元角分
月	日						
12	1	2	承前页 销售商品	3 6 4 2 5 8 9 0 0			
		10	销售商品		2 6 3 5 0 0 0 0		
		21	销售商品		6 5 8 2 1 0 0 0		
		25	销售商品		8 1 5 3 2 0 0 0		
	31	51	结转利润	2 1 6 8 6 1 0 0	4 3 1 5 8 0 0 0	贷	2 1 6 8 6 1 0 0
			本月合计	2 1 6 8 6 1 0 0	2 1 6 8 6 1 0 0	平	
			本年累计	3 8 5 9 4 5 0 0	3 8 5 9 4 5 0 0		

图 1-85

明 细 分 类 账

会计科目：其他应收款　　明细科目：李四

20××年		凭证编号	摘要	借方 亿千百十万千百十元角分	贷方 亿千百十万千百十元角分	借或贷	余额 亿千百十万千百十元角分
月	日						
			承前页	1 3 0 0 0 0 0 0	1 2 7 0 0 0 0 0	借	3 0 0 0 0 0
			结转下年				

图 1-86

明 细 分 类 账

会计科目：其他应收款　　明细科目：李四

20××年		凭证编号	摘要	借方 亿千百十万千百十元角分	贷方 亿千百十万千百十元角分	借或贷	余额 亿千百十万千百十元角分
月	日						
			上年结转			借	3 0 0 0 0 0

图 1-87

至此，1年的业务就算关"账"大吉了，会计也松了口气。紧接着周而复始的下一年度又来了。

【练功场】

1. 把"要领二"【练功场】第2题里的记账凭证记到前面的空账页上。

2. 把上述账户结出余额。

3. 把上述18笔业务做成丁字账。

4. 按上述丁字账做科目汇总表，包括借贷方发生额、借贷方余额，为财务报表做准备。

第二板斧

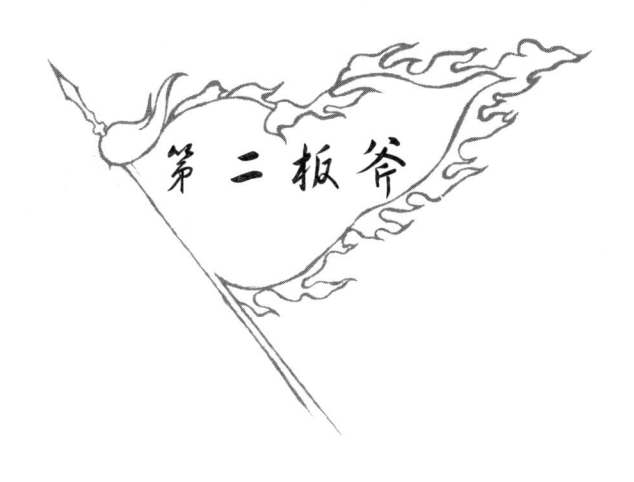

算　账

会计有两个职能：一个是核算，一个是监督。监督的前提是你要会核算，这样才能对企业的经济活动是否合理、真实有个判断。

前面我按业务的顺序讲解了简单的账务处理，你学会了做记账凭证，也学会了记账，了解了账务程序，内容不少。可是有些数据是怎么来的呢？会计的算账是指什么呢？如果说前面学的是组合功夫，那么现在开始分解训练，内容会更全面。在这里，我们按会计的分类进一步强化练习——扩大业务范围、掌握账务处理、学习会计核算。

要领一　资产核算

企业的资产可分为流动资产和非流动资产，流动资产主要包括货币资金、短期投资、存货、应收账款、其他应收款等，非流动资产包括长期债券投资、长期股权投资、固定资产、无形资产等。

资产核算：增加记借方，减少记贷方。

下面我们按资产负债表的顺序习武，也为编制报表打基础。

一、货币资金

货币资金包括库存现金、银行存款和其他货币资金，核算很简单，在前面的例题中你也熟悉了。

货币资金有个核对的问题：出纳员每天记完库存现金日记账后，余额要与实际库存现金相符。月末，结出银行存款的余额后，要与银行对账单核对，有未达账项的还要编制"银行存款余额调节表"。

（一）增加核算

1. 库存现金

现金的增加一般是收款或银行取现。

（1）收到货款现金：

借：库存现金

　　贷：主营业务收入

　　　　应交税费——应交增值税

（2）从银行提取现金：

借：库存现金

　　贷：银行存款

2. 银行存款

银行存款的增加一般是经营收入、欠款收回或者贷款入账、利息收入等。

（1）收到转账支票或收款通知书：

借：银行存款

　　贷：主营业务收入

　　　　应交税费——应交增值税

（2）收到贷款：

借：银行存款

　　贷：短期借款（或长期借款）

(3) 收到企业存款利息：

借：银行存款

　　贷：财务费用

(4) 收到客户前期欠款：

借：银行存款

　　贷：应收账款——客户

(5) 收到客户的预付款：

借：银行存款

　　贷：预收账款——客户

(6) 应收的商业票据到期：

借：银行存款

　　贷：应收票据——客户

3. 其他货币资金

其他货币资金的增加是从银行转入的银行汇票存款、银行本票存款、信用卡存款、信用证保证金存款、外埠存款、备用金等。

(1) 申请银行汇票或银行本票、信用卡：

借：其他货币资金——银行汇票（或银行本票、信用卡）

　　贷：银行存款

(2) 委托开户行汇款到外地开立临时账户：

借：其他货币资金——外埠存款

　　贷：银行存款

(二) 减少核算

1. 库存现金

库存现金的减少多数是报销费用或者支付员工工资。

(1) 报销费用：

借：管理费用

　　销售费用

　　　贷：库存现金

(2) 发放工资：

借：应付职工薪酬——工资

　　　　贷：库存现金

（3）员工借款：

　　借：其他应收款——员工

　　　　贷：库存现金

（4）把现金存入银行：

　　借：银行存款

　　　　贷：库存现金

2. 银行存款

银行存款的减少有购买货物或商品、提取现金等。

（1）普通企业购买商品：

　　借：库存商品

　　　　贷：银行存款

（2）一般纳税人购买存货：

　　借：原材料（或其他存货）

　　　　应交税费——应交增值税（进项税额）

　　　　贷：银行存款

（3）支付银行利息：

　　借：财务费用——利息

　　　　贷：银行存款

（4）从开户银行取现金：

　　借：库存现金

　　　　贷：银行存款

（5）转账支付给供货商货款：

　　借：预付账款——供货商

　　　　贷：银行存款

（6）转账支付前期购货欠款：

　　借：应付账款——供货商

　　　　贷：银行存款

3. 其他货币资金

其他货币资金的减少是因为银行汇票存款、银行本票存款等使用了或者余款转回银行账户。

（1）用银行汇票或银行本票购买商品时：

借：库存商品

应交税费——应交增值税（进项税额）

贷：其他货币资金——银行汇票（或银行本票）

（2）转回剩余的外埠存款：

借：银行存款

贷：其他货币资金——外埠存款

（三）账实核对

每天，出纳员要把现金日记账的余额与实际库存现金核对，多了叫"溢余"，少了叫"短缺"。当出现两者不符的时候，要做账务处理。

1. 现金溢余

实际现金大于账上的余额，叫"现金溢余"。

（1）查明原因前：

借：库存现金（溢余的金额）

贷：待处理财产损溢——待处理流动资产损溢

（2）查明原因后：

借：待处理财产损溢——待处理流动资产损溢

贷：其他应付款（应支付款）

营业外收入（剩余现金）

2. 现金短缺

实际现金大于账上的余额，叫"现金短缺"。

（1）查明原因前：

借：待处理财产损溢——待处理流动资产损溢

贷：库存现金（短缺的金额）

（2）查明原因后：

借：其他应收款（应收金额）

库存现金（收到的赔偿金额）

营业外支出（企业负担的金额）

贷：待处理财产损溢——待处理流动资产损溢

注意：现金短缺，需要税务机关的审批后，方可在税前抵扣。

下面是税务总局的规定：

企业清查出的现金短缺扣除责任人赔偿后的余额，确认为现金损失。现金损失确认应提供以下证据：

①现金保管人确认的现金盘点表（包括倒推至基准日的记录）；②现金保管人对于短款的说明及相关核准文件；③对责任人由于管理责任造成损失的责任认定及赔偿情况的说明；④涉及刑事犯罪的，应有司法机关出具的相关材料；⑤金融机构出具的假币收缴证明。

3. 未达账项

到了月末，银行存款日记账的余额与银行对账单核对，当发现两者不相符的时候，是因为有未达账项，出纳员要编制下面这张表（见表2-1）：

表2-1　　　　　　　　　　银行存款余额调节表　　　　　　　　　　单位：元

项　目	金额	项　目	金额
银行日记账		银行对账单	
加：银行已收、企业未收款		加：企业已收、银行未收款	
减：银行已付、企业未付款		减：企业已付、银行未付款	
调整后存款余额		调整后存款余额	

按表2-1的要求，把相关的金额填进去。调整后，企业的银行账余额与银行对账单的余额相等了就对了。不等，很可能是你的账记错了。

货币资金的核算，主要是出纳的工作，会计掌握的是这两本日记账的总账余额。到了月末，日记账的余额要与总账余额核对，不相符就要查找原因。

二、短期投资

企业从证券市场购入的股票、债券、基金等，不准备超过1年的，都记入"短期投资"科目。

前面我们没做练习，因为小企业不常用。这个科目在《企业会计准则》里叫"交易性金融资产"，核算的内容差不多。我觉得应该统一称呼，否则小企业的会计学习的时候知道叫"交易性金融资产"，工作后又改名叫"短期投资"了，成了"丈二和尚"。

（一）取得核算

短期投资是按实际支付的购买价款作为取得成本。

有一点例外：取得时已宣告但尚未收到的现金股利或已到付息期但尚未领取的债券利息，应当单独核算。应收的是现金股利，借记"应收股利"；应收的是债券利息，借记"应收利息"。待收到股利或利息后，再贷记。

1. 购入股票或债券

借：短期投资（实际成本）
　　贷：银行存款（实际支付）

2. 购入带有利息的债券

借：短期投资（实际成本）
　　应收利息（已宣告未发放的利息）
　　贷：银行存款（全部支付款）

3. 收到发放的利息

借：银行存款
　　贷：应收利息

4. 购入带有现金股利的股票

借：短期投资（实际成本）
　　应收股利（已宣告未发放的股利）
　　贷：银行存款（全部支付款）

5. 收到发放的股利

借：银行存款
　　贷：应收股利

（二）出售核算

企业的各种投资都是为了赚钱，尤其是短期投资，见利就走。或者需要用钱的时候，也可能赔钱出售。出售的短期投资价款与"短期投资"的账面余额的差价记入"投资收益"科目。

1. 当出售的短期投资金额大于账面余额，为投资收益

借：银行存款（收到的金额）
　　贷：短期投资（账面余额）

投资收益（差额）

2. 当出售的短期投资金额小于账面余额，为投资亏损

借：银行存款（收到的金额）

　　投资收益（差额）

　　贷：短期投资（账面余额）

三、应收款项

应收款项包括应收账款、应收票据、预付账款、其他应收款，这是企业的债权，它们的核算重点是坏账损失。

（一）款项发生

应收账款发生时记借方，对应的科目有收入、应交税费等。

1. 销售商品企业未付款时

借：应收账款——某企业

　　贷：主营业务收入（商品金额）

　　　　应交税费——应交增值税（销项税额）

2. 销售商品收到商业汇票时

借：应收票据——某企业

　　贷：主营业务收入（商品金额）

　　　　应交税费——应交增值税（销项税额）

3. 企业预付货款时

借：预付账款——某企业

　　贷：银行存款

现在有些紧俏商品，需要订购，企业先给供应商打款，这就是预付款。此外建筑企业这类业务比较多。

你可能问了：带有"付"的字样不是负债吗，预付账款怎么属于资产呢？

因为我们把钱付给对方，为的是换来商品或者劳务，如果你把"预付账款"想象成商品，或者是存款的另一种方式，就不难理解了。

4. 个人借款

借：其他应收款——个人姓名

　　贷：库存现金

（二）款项收回

发生应收款时记借方，收回后记贷方，对应的科目多数是"银行存款"。

1. 收到前期欠货款

借：银行存款

　　贷：应收账款——某企业

2. 商业汇票到期收账

借：银行存款

　　贷：应收票据——某企业

3. 收到前期预付款购买的材料

借：原材料

　　应交税费——应交增值税（进项税额）

　　贷：预付账款——某企业

这时，前期所付款可能与收到的货物有差额，一般用转账的形式做多退少补，这样还会涉及"银行存款"或者"库存现金"科目。企业补款的，贷记"银行存款"科目；对方退款的，借记"银行存款"科目。

4. 收到个人还款

借：库存现金

　　贷：其他应收款——个人姓名

上述往来业务结算后，也许还会有余额，有的是借方余额，说明还没有收回的欠款；有的是贷方余额，说明多收了欠款，体现出的是负债。

（三）坏账损失

应收款项收不回来时，就会导致坏账。

1. 何为坏账

确认坏账的条件：

①债务人依法宣告破产、关闭、解散、被撤销，或者被依法注销、吊销营业执照，其清算财产不足清偿的；②债务人死亡，或者依法被宣告失踪、

死亡，其财产或者遗产不足清偿的；③债务人逾期 3 年以上未清偿，且有确凿证据证明已无力清偿债务的；④与债务人达成债务重组协议或法院批准破产重整计划后，无法追偿的；⑤因自然灾害、战争等不可抗力导致无法收回的；⑥国务院财政、税务主管部门规定的其他条件。

出于谨慎性原则，《企业会计准则》允许企业计提坏账准备，有专门的"坏账准备"和"资产减值损失——计提的坏账损失"科目。但是《小企业会计准则》没要求计提，实际发生坏账的时候再做处理，这也很符合税法"据实列支"的要求。

2. 坏账处理

发生坏账时：

借：营业外支出（损失金额）

  贷：应收账款（账面金额）

这样坏账的"应收账款"就没有余额了。

3. 坏账收回

已经作为坏账处理的应收款又收回：

借：银行存款

  贷：营业外收入

4. 坏账证明

即使坏账符合条件了，企业也不能自己做主，要经过税务机关的审批，才允许在税前扣除。

申请坏账损失税前扣除，应提供下列证据：

①相关事项合同、协议或说明；②属于债务人破产清算的，应有人民法院的破产、清算公告；③属于诉讼案件的，应出具人民法院的判决书或裁决书或仲裁机构的仲裁书，或者被法院裁定终（中）止执行的法律文书；④属于债务人停止营业的，应有工商部门注销、吊销营业执照证明；⑤属于债务人死亡、失踪的，应有公安机关等有关部门对债务人个人的死亡、失踪证明；⑥属于债务重组的，应有债务重组协议及其债务人重组收益纳税情况说明；⑦属于自然灾害、战争等不可抗力而无法收回的，应有债务人受灾情况说明以及放弃债权申明。

（四）票据转让

企业收到的商业汇票，最长的有 6 个月期限。它有个特点，可以背书转让。

背书，是在票据的背面记载有关事项并签章的行为。

背书转让，就是把背书的票据经过签章当作自己的票据转移给供应商，用于商品交易。

由于多次转让，汇票的地盘显然是不够用的，需要"粘单"使之加长，这样才能一家一家地"背"下去。

票据转让后，承担的责任并不会因为票据出手而消失。开票人没钱支付了，背书人有承兑和担保的责任。

1. 收到汇票

当企业销售货物后，收到一张商业承兑汇票，或者是银行承兑汇票，这样做分录：

借：应收票据——单位
　　贷：主营业务收入
　　　　应交税费——应交增值税（销项税额）

2. 背书转让

收到票据 1 个月后，因购买材料，将其背书转让。

借：原材料
　　应交税费——应交增值税（进项税额）
　　贷：应收票据——单位

对于应收票据的管理，最好是在"备查簿"上逐笔登记，包括商业汇票的种类、号数和出票日期、票面金额、交易合同号和付款人、承兑人、背书人的姓名或单位名称、到期日期和利率以及收款日期和收回金额等资料，商业汇票到期结清票款后再逐笔注销。后面的应付票据也同样处理。

四、存货核算

存货不是会计科目，在会计报表里体现的是一个项目。它包括以下科目：材料采购、在途物资、原材料、材料成本差异、生产成本、库存商品、商品进销差价、周转材料、委托加工物资、消耗性生物资产等。

其中,"材料采购"和"材料成本差异"两个科目,是工业企业采用计划成本核算时独有的。因为这种核算方式适合大企业,小企业很少应用,所以这里不做练习了。

还有一个"商品进销差价"科目,是商业零售业采取售价金额核算时使用的。因为在初级会计实务中,只对计算方法做了介绍,没有讲解账务处理,我们也不做练习了。

这里主要讲解在实际成本核算方式下的存货,更适合小企业。

(一) 取得核算

存货的取得方式有购买、自行加工、投资者投入、盘盈等,取得就是增加,存货的增加在借方。那么增加的入账价格或者说存货的成本是怎么算的呢?

1. 外部购买

企业的存货大部分都是外购的。

$$存货的成本 = 购买价款 + 相关税费 + 运输费 + 装卸费 + 保险费 + 其他直接费用$$

批发业、零售业的库存商品成本例外,只包括买价,其他的在"销售费用"科目核算。

购买的存货因为货款不一定同时结算,账务处理也有差别。

下面以一般纳税人为例。

(1) 购买商品货款两清。

借:库存商品——明细(商品金额)

　　应交税费——应交增值税(进项税额)

　贷:银行存款(付款额)

如果暂时没有付款,就贷记"应付账款"科目。

(2) 购买商品款已支付但货物未到。

到了月末,货款已经支付,发票也收到了,但是货物还没收到,这时候银行存款和税款需要入账,怎么办?使用"在途物资"科目,代替存货科目。

借:在途物资(发票上商品的金额)

　　应交税费——应交增值税(进项税额)

　贷:银行存款(支付的全部价款)

（3）货物收到后。

前期货物收到后结清货款：

借：库存商品——明细

　　贷：在途物资（原来挂账金额）

（4）货物收到发票未到。

货物验收入库，但是没收到发票，不知道单价，只能估计价格入账。

借：原材料——明细

　　贷：应付账款——债权人（暂估价款）

2. 加工制造

加工的存货主要包括制造业的"生产成本"。

$$成本 = 材料费 + 人工费 + 制造费用$$

加工的产品验收入库时：

借：库存商品

　　贷：生产成本（完工产品成本）

3. 资本投入

这里指的是投资者用存货作为投入资本，成为企业的股东。

$$存货的成本 = 投资合同价值（或者协议约定的价值）$$

收到存货投资并办理了验资手续时：

借：库存商品（评估价）

　　贷：实收资本（注册资本）

　　　　资本公积（存货大于实收资本的差额）

4. 清点盘盈

对存货进行盘点时，实际数量多于账面的就是盘盈。

$$存货的成本 = 同类存货的市场价格$$

发生盘盈时：

借：库存商品（原材料等存货）

　　贷：营业外收入

《企业会计准则》要求存货的盘盈冲减"管理费用"科目，也就是贷记"管理费用"，这是两个准则不同的地方。

如果需要审批的，先贷记"待处理财产损溢"科目。

（二）发出核算

存货发出的方式有耗用、出售、盘亏、出租、出借、损毁等。

因为发出是减少，所以要贷记存货科目。

前面我们知道了存货取得的入账价格了，发出时按什么计价呢？

1. 计价方法

发出存货的计价有三种方法：先进先出法、加权平均法、个别计价法。企业根据情况任选一种后，不得随意变更。

（1）先进先出法。

这种方法，是按时间记载的顺序，先入账的先出账，剩下的存货成本是最近时间的存货余额，这是最接近市价的成本计价方法。

比如，上月有一种商品，库存数量为3 100件，单价为9.12元。本月5日购进了同样规格的商品1 000件，单价为9.53元。

8日此商品销售了2 500件，结转成本单价应该是9.12元。

12日又销售了800件，因为上月库存3 100件里已经结转了2 500件，还有600件（3 100－2 500），要按9.12元结转，剩余的200件（800－600），要按9.53元的成本结转。

这种方法，平时销售的时候要随时做结转成本的凭证，因为销售的时候按销售价格贷记"主营业务收入"科目，不用关心商品的成本单价，只有结转商品成本的时候才去计算。"库存商品"的成本就是"主营业务成本"的成本。

还是看账本吧（见图2－1）：

这是商品账的记法，教科书是把每一笔都记在账上，显得有点乱，但是你看着会很清楚。你知道怎么算了，可以在备查账上逐笔记录。

这种方法比较麻烦，适合每月进出货物不多的企业。

（2）加权平均法。

这种方法涉及数学的概念了，顺便说几句。

经常有初学者问：学会计的需要数学学得好吗？

我这样作答：有高中的数学基础足矣。

因为大部分的会计还是操作者，精通业务、会使用财务软件，你就能在工作中独当一面。

有人又会问：为什么在大学还学高等数学？

商 品 明 细 账

品名：某商品　　　　　　　　　　　　　　　　　　　单位：件　　规格：

20××年		凭证编号	摘要	借方			贷方			余额		
月	日			数量	单价	金额 千百十万千百十元角分	数量	单价	金额 千百十万千百十元角分	数量	单价	金额 千百十万千百十元角分
3	5		承前页							3 100	9.12	2 8 2 7 2 0 0
		12	购入	1 000	9.53	9 5 3 0 0 0				4 100		3 7 8 0 2 0 0
	8	15	销售				2 500	9.12	2 2 8 0 0 0 0 0	1 600		1 5 0 0 2 0 0
	12	36	销售				800		7 3 7 8 0 0	800	9.53	7 6 2 4 0 0

图 2－1

我只能说：因为大学的知识，是为做更高级会计做储备的。

好了，还是看"加权平均法"的公式和应用吧。

$$存货单位成本 = \frac{期初存货金额 + 本期进货总金额}{期初存货数量 + 本期进货总数量}$$

比如，A商品的期初数量是120件，单价59元，余额7 080元。本月购进2次同一品种的商品：一次是1 000件，单价58元，金额58 000元；一次是900件，单价59元，金额53 100元。本月共销售1 800件，求月末应结转的商品成本。

商品的单价 = (7 080 + 58 000 + 53 100) ÷ (120 + 1 000 + 900)
= 58.50（元）

本月销售商品的总成本 = 1 800 × 58.50 = 105 300（元）

借：主营业务成本　　　　　　　　　　　　　105 300
　　贷：库存商品——A商品　　　　　　　　　105 300

这个分录记住了，每次结转主营业务成本都是这样的固定模式。

把记账凭证记到账上后，月末的成本就出来了。

$$本月月末库存存货成本 = 月初库存存货的实际成本 + 本月收入存货的实际成本 - 本月发出存货的实际成本$$

这样看字数很多，也不好记，咱们换一种表达方法：

月末余额 = 月初余额 + 本月借方合计 - 本月贷方合计

其实月末存货成本就是余额。

这种方法，只在月末计算一次，比较简便。

(3) 个别计价法。

这种方法是按购入时的单位成本计价。适合特定的存货，比如，名贵的字画、珠宝首饰等，每款一价，成本准确。当然，工作量也可想而知。

2. 发出方式

存货的发出有商品销售、生产领用、出租出借、盘亏毁损等。

下面看存货发出是怎么核算的。

(1) 销售存货。

这里的销售指的是存货销售后的成本结转。

根据销售的对象分为两种：

一是库存商品的销售：

借：主营业务成本

贷：库存商品

　　二是废旧材料的销售：

　　　借：其他业务成本

　　　　贷：原材料

　　（2）部门领用。

　　因为低值易耗品、包装物、原材料都是企业使用的，领用的时候，本着"谁领用谁负担"的原则，把存货转入相关的费用类科目。

　　部门领用时：

　　　借：生产成本（加工制造用）

　　　　　制造费用（车间用）

　　　　　管理费用（行政管理用）

　　　　　销售费用（销售部门用）

　　　　贷：原材料（周转材料）

　　（3）出租出借。

　　出租或者出借存货，比如，包装物、低值易耗品等，不用结转成本，需要在备查账上登记，归还的时候也要记录。

　　（4）毁坏损失。

　　企业发生存货的毁损，有的可以变卖收入，有的追查责任人赔偿，有的由保险公司赔款，有的需要做进项税额转出，有了收入还要缴纳增值税。其差额，如果赚了，贷记"营业外收入"科目；如果亏了，借记"营业外支出——非常损失"科目。

　　发生毁损时：

　　　借：银行存款（变卖额）

　　　　　营业外支出（损失额）

　　　　　其他应收款（赔偿额）

　　　　贷：原材料（库存商品等存货）

　　　　　　营业外收入（收益额）

　　（5）清点盘亏。

　　存货盘亏，有的是因管理不善出现的损失，有的是因自然灾害等原因造成的非常损失，做如下会计处理。

　　　借：营业外支出（损失净额）

其他应收款（需要赔偿的）
　　贷：原材料（库存商品等存货）

　　前面讲过，涉及财产损益的，审批前一般先记入"待处理财产损溢"科目，谁有这个审批权限呢？企业内部是权力机构，外部是管理机关。这里最重要的就是税务机关。

　　无论是学习教材还是考试教材，讲到这里的时候，审批的内容和注意事项都没有交代。我在这里多占用一些空间，说说税务总局关于资产损失税前扣除的规定，这对会计来说很有必要。前面介绍了一些，现在集中讲一下。

　　2011年3月31日，国家税务总局发布了《企业资产损失所得税税前扣除管理办法》，对现金、银行存款、应收及预付款项（包括应收票据、各类垫款、企业之间往来款项）等货币资产，存货、固定资产、无形资产、在建工程、生产性生物资产等非货币资产，以及债权性投资和股权（权益）性投资的资产损失，应按规定的程序和要求向主管税务机关申报后方能在税前扣除。

　　下列资产损失，应以清单申报的方式向税务机关申报扣除：

　　①企业在正常经营管理活动中，按照公允价格销售、转让、变卖非货币资产的损失；②企业各项存货发生的正常损耗；③企业固定资产达到或超过使用年限而正常报废清理的损失；④企业生产性生物资产达到或超过使用年限而正常死亡发生的资产损失；⑤企业按照市场公平交易原则，通过各种交易场所、市场买卖债券、股票、基金以及金融衍生产品等发生的损失。

　　对于上述的资产损失，企业可按会计核算科目进行归类、汇总，然后再将汇总清单报送税务机关，有关会计核算资料和纳税资料留存备查。

　　除此之外的资产损失，属于专项申报的资产损失，企业应逐项（或逐笔）报送申请报告，同时附送会计核算资料及其他相关的纳税资料。应以专项申报的方式向税务机关申报扣除。企业需要提供的具有法律效力的外部证据有：

　　①司法机关的判决或者裁定；②公安机关的立案结案证明、回复；③工商部门出具的注销、吊销及停业证明；④企业的破产清算公告或清偿文件；⑤行政机关的公文；⑥专业技术鉴定部门的鉴定报告；⑦具有法定资质的中介机构的经济鉴定证明；⑧仲裁机构的仲裁文书；⑨保险公司对投保资产出具的出险调查单、理赔计算单等保险单据；⑩符合法律条件的其他证据。

以上是外部证据，资产发生毁损、报废、盘亏、死亡、变质等损失，还需要提供内部证据。

①有关会计核算资料和原始凭证；②资产盘点表；③相关经济行为的业务合同；④企业内部技术鉴定部门的鉴定文件或资料；⑤企业内部核批文件及有关情况说明；⑥对责任人由于经营管理责任造成损失的责任认定及赔偿情况说明；⑦法定代表人、企业负责人和企业财务负责人对特定事项真实性承担法律责任的声明。

具体到资产项目，还有具体的规定，我就不细说了。

当企业发生资产损失的情况时，会计要知道处理程序，不可擅作主张，再造成税收损失，岂不雪上加霜，那就是会计失职了。

五、长期投资

企业通过购买债券或者股权，拥有被投资企业的1年以上的投资，达到赚取利益的目的。包括"长期债券投资"和"长期股权投资"，这也是两个会计科目。

"长期投资"是相对于"短期投资"说的，时间分水岭就是"1年"。

（一）债券投资

长期债券投资按照债券种类和被投资单位，分别"面值""溢折价""应计利息"进行明细核算。

企业购入长期债券时，按购入价格与债券面值之间的差异可以分为平价购入、溢价购入和折价购入。

平价购入，是指按照债券的面值购入。

溢价购入，是指按高于债券面值的价格购入。

折价购入，是指按低于债券面值的价格购入。

1. 购买债券

（1）面值小于购买价的：

借：长期债券投资——面值

　　　　　　　——溢折价（差额）

　贷：银行存款（价款和税费）

（2）面值大于购买价的：

借：长期债券投资——面值

　　贷：银行存款（价款和税费）

　　　　长期债券投资——溢折价（差额）

（3）购买时内含债券利息的（面值加上利息小于购买价的）：

借：长期债券投资——面值

　　　　　　　　——溢折价（差额）

　　应收利息

　　贷：银行存款

面值加上利息大于购买价的：

借：长期债券投资——面值

　　应收利息

　　贷：银行存款

　　　　长期债券投资——溢折价（差额）

2. 计算利息

（1）长期债券投资持有期间，被投资企业分期付息、一次还本的，按月计算应收利息：

借：应收利息

　　贷：投资收益——债券投资

（2）一次还本付息的，按票面利率计算利息收入：

借：长期债券投资——应计利息

　　贷：投资收益——债券投资

3. 分摊溢折价

长期债券投资的溢折价应在债券存续期内在确认相关债券利息收入时摊销，以调整各期的实际利息收入。

债券投资溢价或折价 =（债券投资成本 − 包含在投资成本中的相关费用 − 包含在投资成本中的债券利息）− 债券面值

（1）如果是溢价购买，分摊时：

借：投资收益

　　贷：长期债券投资——溢折价

（2）如果是折价购买，分摊时：

借：长期债券投资——溢折价
　　贷：投资收益

4. 收到利息

借：银行存款
　　贷：应收利息

5. 到期收回

借：银行存款（收到金额）
　　贷：长期债券投资——面值
　　　　应收利息

6. 处置

（1）收到的金额大于投资成本：

借：银行存款
　　贷：长期债券投资——面值
　　　　　　　　　　——溢折价
　　　　投资收益（差额）

（2）收到的金额小于投资成本：

借：银行存款
　　投资收益（差额）
　　贷：长期债券投资——面值
　　　　　　　　　　——溢折价

7. 投资损失

长期债券投资确认发生损失时（参见"坏账的条件"）：

借：银行存款（可收回金额）
　　营业外支出（差额）
　　贷：长期债券投资——面值
　　　　　　　　　　——溢折价

（二）股权投资

长期股权投资按照被投资单位进行明细核算。

1. 取得

（1）用现金取得。

购买了一个企业的股票，就拥有了那个企业的股权。

借：长期股权投资——某公司

  贷：银行存款（价款和税费）

    应收股利（已宣告但未发放股利）

（2）用非货币性资产交换取得。

① 除了用货币购买股权，还可以用固定资产或者无形资产拥有股权。用固定资产取得股权，当换取的股权投资大于账面价值时：

借：长期股权投资——某公司

  贷：固定资产清理

    应交税费

    营业外收入（差额）

② 当换取的股权投资小于账面价值时：

借：长期股权投资——某公司

  营业外支出（差额）

  贷：固定资产清理（固定资产账面价值）

    应交税费

2. 宣告分派股利

借：应收股利

  贷：投资收益——股权投资

3. 收到股利

借：银行存款

  贷：应收股利

4. 处置

（1）收到的价款大于账面成本：

借：银行存款

  贷：长期股权投资——某公司

    投资收益

（2）收到的价款小于账面成本：

借：银行存款

投资收益

　　　　贷：长期股权投资——某公司

　5. 投资损失

　有下列情况发生时，视为长期股权投资损失。

　（1）被投资单位依法宣告破产、关闭、解散、被撤销，或者被依法注销、吊销营业执照的。

　（2）被投资单位财务状况严重恶化，累计发生巨额亏损，已连续停止经营3年以上，且无重新恢复经营改组计划的。

　（3）对被投资单位不具有控制权，投资期限届满或者投资期限已超过10年，且被投资单位因连续3年经营亏损导致资不抵债的。

　（4）被投资单位财务状况严重恶化，累计发生巨额亏损，已完成清算或清算期超过3年以上的。

　（5）国务院财政、税务主管部门规定的其他条件。

　账务处理：

　借：银行存款（可收回的金额）

　　　营业外支出（差额）

　　　　贷：长期股权投资——某公司（账面余额）

六、固定资产

　因为固定资产的使用期限长、金额大，所以核算上要求也多。

　固定资产与存货一样，要按类别和项目记账，有一项固定资产，就有一个账页。除了"固定资产登记簿"，可以再设置"固定资产卡片"，这对于管理企业的固定资产很有用处。

（一）取得核算

　固定资产的来源渠道很多：花钱购买的、自行建造的、投资者投入的、盘盈的。不同渠道的取得，入账价值也不同。

　1. 外部购买

　企业大部分的固定资产都是外购的，有的需要安装，有的不需要安装直接投入使用，其成本包括了所有的支出。

入账成本 = 买价 + 税费 + 运输费 + 装卸费 + 安装费 + 保险费

一般纳税人的固定资产可以抵扣的进项税额不包括在内。

（1）不需要安装。

① 一般纳税人用银行存款购买设备：

借：固定资产——设备

　　应交税费——应交增值税（进项税额）

　贷：银行存款

② 小规模纳税人用银行存款购买设备：

借：固定资产——设备

　贷：银行存款

如果购买固定资产时没有付款，把"银行存款"科目换成"应付账款"科目就行了。超过一年的贷记"长期应付款"科目。

（2）需要安装的。

① 工厂购买需要安装的：

借：在建工程——某工程（买价、运费等）

　　应交税费——应交增值税（进项税额）

　贷：银行存款

② 支付安装费时：

借：在建工程——某工程

　贷：银行存款

③ 确认人工费时：

借：在建工程——某工程

　贷：应付职工薪酬——工资

④ 完成竣工决算时：

借：固定资产（所有费用）

　　贷：在建工程（转出余额）

因为一般纳税人购买的固定资产多数涉及运输抵扣的问题，按规定，允许抵扣进项税的，运费也可以抵扣。允许抵扣的运费发票，要求是国有铁路、民用航空、公路和水上运输单位开具的发票，还有从事货物运输的非国有运输单位开具的套印全国统一发票监制章的货票。可以按上面列出的运费和建设基金抵扣7%。

注意：装卸费、保险费等项目是不可以抵扣的。

2. 企业建造

除了购买的固定资产，企业有条件的还可以自己建造。比如自行建造厂房、设备，有的购买后需要再次安装才能使用的设备，要先放在"在建工程"科目里核算，竣工决算时，再从"在建工程"转入"固定资产"。

（1）自营工程。

① 购买物资：

借：工程物资

　　贷：银行存款

② 领用物资：

借：在建工程

　　贷：工程物资

③ 人员工资：

借：在建工程

　　贷：应付职工薪酬

④ 领用本企业商品或材料：

　　借：在建工程

　　　　贷：库存商品（原材料）

　　　　　　应交税费——应交增值税（销项税额）

⑤ 竣工决算前利息：

借：在建工程

　　贷：应付利息

⑥ 办理竣工决算：

借：固定资产——明细项目

　　贷：在建工程

（2）出包工程。

企业以招标的方式把工程包给承包商，也要先通过"在建工程"核算。

① 按照工程进度和合同规定结算的工程价款：

借：在建工程

　　贷：银行存款（或预付账款）

② 工程完工收到承包单位提供的账单：

借：固定资产
　　贷：在建工程

3. 投资者投入

接受投资者投入的资本有存货，也有房屋、设备等固定资产。

$$入账成本 = 评估价 + 相关税费$$

对于没有发票的固定资产，验资机构会要求企业到资产评估机构做资产的评估，然后才能验资、注册，税务机关才允许以后计提折旧。

企业收到投资的固定资产：

借：固定资产（或在建工程）
　　贷：实收资本（注册资本）
　　　　资本公积（资本溢价）

4. 融资租入

企业要购进一台设备，有时候资金不足，由融资公司垫付设备款，企业先付一部分，余款再以租金的方式补足。

融资租入与经营租赁不同，经营租入的资产不计入固定资产核算，而融资租入对设备拥有控制权，需要作为固定资产管理，要入账，还要计提折旧。

$$入账成本 = 合同约定的付款总额 + 相关税费$$

借：固定资产（或在建工程）
　　贷：长期应付款——融资公司

5. 清点盘盈

盘点时发现账面上没有的固定资产，叫盘盈。入账时，要按照同类或者类似固定资产的市场价格，扣除按照该项固定资产新旧程度估计的折旧后的余额确定。

借：固定资产——品种
　　贷：待处理财产损溢——待处理非流动资产损溢

（二）发出核算

固定资产的发出，也就是固定资产是怎么"贷"出去的。
固定资产的发出有以下形式：

1. 资产处置

固定资产的处置，是指出售、报废、毁损、对外投资等。

处置时，首先要把"固定资产"和"累计折旧"转移到"固定资产清理"科目，然后根据收入扣除固定资产账面价值和相关税费后的净额，借记或贷记营业外收支。

步骤如下：

（1）转入清理：

借：固定资产清理（固定资产净值）

　　累计折旧（已提）

　　贷：固定资产（原价）

（2）变卖收入：

借：银行存款（收入款）

　　原材料（回收残料）

　　贷：固定资产清理

（3）支付费用：

借：固定资产清理

　　贷：银行存款（支出）

（4）毁损索赔：

借：其他应收款（赔偿人）

　　贷：固定资产清理

（5）计算税金：

借：固定资产清理

　　贷：应交税费——应交增值税（销项税额）

（6）结转损益：

借：营业外支出（损失）

　　贷：固定资产清理（余额）

或

借：固定资产清理（余额）

　　贷：营业外收入（收益）

2. 清点盘亏

在财产清查的时候，固定资产的账面有而实际没有，视为盘亏。有需要税务机关审批的,别忘了先审批、后处理。

(1) 审批前。

借:待处理财产损溢——待处理非流动资产损溢(差额)

　　累计折旧(已提金额)

　贷:固定资产——项目(原价)

(2) 审批后。

借:营业外支出

　贷:待处理财产损溢——待处理非流动资产损溢

发现没有,固定资产的盘亏和盘盈,分别记入"营业外支出"或者"营业外收入"科目。

(三) 改建支出

为了延长固定资产的使用寿命发生的更新改造和修理,叫改建支出,也叫后续支出。

固定资产的改建,有三种不同的处理方式:

1. 企业拥有的固定资产在折旧期内的改建支出,能满足固定资产确认条件的,计入固定资产成本,也叫资本化支出

(1) 改建时,把固定资产、累计折旧转到在建工程:

借:在建工程(固定资产净值)

　　累计折旧(账面金额)

　贷:固定资产(账面金额)

(2) 发生人工费支出:

借:在建工程

　贷:应付职工薪酬(人工费)

(3) 发生各项费用支出:

借:在建工程

　贷:银行存款(支出款)

(4) 建好后转为固定资产:

借:固定资产

　贷:在建工程(转出余额)

2. 日常维修，根据维修对象的所属部门，借记"制造费用"或者"管理费用"科目

（1）管理部门的修理费：

借：管理费用

　　贷：银行存款

（2）车间的修理费：

借：制造费用

　　贷：银行存款

3. 提足折旧或者经营性租入的固定资产的改建支出，还有固定资产的大修理支出，借记"长期待摊费用"科目，按预计使用年限，逐月分摊

（1）支出发生时：

借：长期待摊费用

　　贷：银行存款

（2）每月分摊时：

借：管理费用（或制造费用）

　　贷：长期待摊费用

（四）累计折旧

固定资产在使用过程中是有磨损的，这就是折旧。

折旧在"累计折旧"科目里核算，虽然是贷方余额，但它是地地道道的资产类科目，因为它是"固定资产"的抵减科目。

有了固定资产，每个月就要计提折旧。在固定资产使用寿命内，按照一定的方法，把折旧额分摊到各种费用中。

这里要弄清楚几个概念。

固定资产原价：就是固定资产取得时的成本。

残值：固定资产报废后的价值。这个要靠会计的评估，以前税务机关规定过比例是固定资产的5%，现在仍可以做参考。

预计净残值 = 预计残值收入 – 预计清理费用

应计折旧额 = 固定资产的原价 – 预计净残值

固定资产账面价值 = 固定资产原价 – 累计折旧

这个关系在固定资产的明细账上看得最清楚了：前面是"固定资产原

价",后面就是"折旧金额"。因为小企业不计提减值准备,所以固定资产的净值也是固定资产的账面价值。

1. 计提范围

下列固定资产不计提折旧:

(1)已提足折旧仍继续使用的固定资产。

(2)单位计价入账的土地。

2. 计提时间

计提折旧的时间,从固定资产投入使用月份的次月起,到停止使用月份的次月起,按月折旧。简单记就是:当月增加的下月提,当月减少的下月停。

3. 折旧方法

固定资产的折旧方法有 3 种,会计要根据企业的具体情况选择,一经选择后不可随意变动。

(1)年限平均法。

顾名思义,就是把固定资产的折旧额按年限平均分摊。

计算公式:

$$年折旧额=(固定资产原值-预计净残值)\div 预计使用年限$$

$$月折旧额=年折旧额\div 12$$

教材上的折旧额是按折旧率计算的,但不如上述公式容易理解。

公式如下:

$$净残值率=(预计残值-预计清理费)\div 固定资产原值$$

$$年折旧率=(1-预计净残值率)\div 预计使用年限$$

$$月折旧率=年折旧率\div 12$$

$$月折旧额=固定资产原值\times 月折旧率$$

不管是哪种方法,计算的结果都是一样的。

教材上的例题里折旧额都是整数,而实际工作中经常会有四舍五入的情况发生。尤其是一般纳税人,由于购买的固定资产中增值税可以扣除,使得原价都是小数。我们在计算折旧额的时候,可以灵活一点,算到元或角就可以了,剩下的就是残值了。因为残值也是你预计的,人为控制一下是可以的。

听说过"职业判断"一词吧,对于会计来说,账务处理的过程,就是职业判断的过程。你看，从会计事项的确认，到会计的计量，再到会计核算方法的选择，尤其是执行《企业会计准则》的大中型企业会计，还要对资产的损失计提减值准备，处处考验会计的职业判断能力。随着会计经验的逐步积累，职业判断能力和水平也会逐渐提高。企业都愿意要有经验的会计，就因为他们有职业判断能力。这个能力从哪儿来呢？学习加实践。只有你掌握了丰富的财税知识、法律常识、财经制度，再经过实践的磨炼和工作的历练，一定会成为一个出色的会计人才。

说得有点远了，接着讲折旧方法。

（2）双倍余额递减法。

用这种方法计提折旧时，第1年按折旧率计算出折旧额，然后每年从固定资产原价中减去上一年计提的折旧额，作为本年的折旧额，最后一年的折旧要扣除预计净残值。

计算公式：

$$年折旧率 = 2 \div 预计使用年限 \times 100\%$$

$$月折旧率 = 年折旧率 \div 12$$

$$月折旧额 = 固定资产账面净值 \times 月折旧率$$

注意，在固定资产折旧年限到期的前两年内，要将固定资产账面净值扣除预计净残值之后的余额平均摊销。

特点：每年的折旧率是固定的，折旧额是变动的，先多后少。

（3）年数总和法。

这种方法与双倍余额递减法一样，都是第1年的折旧多，以后逐年减少。每年的折旧率不同。

计算公式：

$$每年折旧率 = 尚可使用的年数 \div 预计使用年限的年数总和 \times 100\%$$

$$月折旧率 = 年折旧率 \div 12$$

$$月折旧额 = (固定资产原价 - 预计净残值) \times 月折旧率$$

特点：净值是固定的，折旧率是变动的。

上述两种折旧方法企业不能随便采用，税法有规定，只有下面两种固定资产才可以申请执行加速折旧法：

一是由于技术进步，产品更新换代较快的固定资产；二是常年处于强震动、高腐蚀状态的固定资产。

这个规定会计教材里没有,而是放在了经济法的教材里。当会计的要学会综合利用所学的知识。

你看,财务离不开税务,既要学会记账,还要懂得依法做账,这个法,就是会计法和税法。

固定资产的折旧方法看似很多,但多数企业采用的还是直线法。折旧率一旦算出来,只要不增减固定资产,每个月的折旧额是不变的,可以说是一劳永逸。

4. 折旧年限

折旧年限也叫使用寿命,会计应根据固定资产的性质和使用情况,尽可能准确地预计固定资产的使用寿命,但最低不能低于税法上规定的折旧年限。

固定资产折旧的最低年限:

(1) 房屋、建筑物,为20年。

(2) 飞机、火车、轮船、机器、机械和其他生产设备,为10年。

(3) 与生产经营活动有关的器具、工具、家具等,为5年。

(4) 飞机、火车、轮船以外的运输工具,为4年。

(5) 电子设备,为3年。

小企业应该按这个标准计提折旧,免得与税法产生时间性差异。

还有一点要注意,固定资产的折旧方法、使用寿命、预计净残值一经确定,不得随意变更。

5. 账务处理

计提折旧的时候,记账凭证后面要附一张"固定资产折旧表"。

第一次的固定资产折旧表可以设计成这样(见表2-2):

表2-2　　　　　　　　　　固定资产折旧表

20××年3月　　　　　　　　　　　　　　单位:元

使用部门	资产项目	原价	预计净残值	净值	折旧年限	年折旧额	本月折旧额
管理部门							
销售部门							
生产车间							
合　　计							

到了第2个月，折旧表应该是这样的格式（见表2-3）：

表2-3　　　　　　　　　　固定资产折旧表

20××年4月　　　　　　　　　　　单位：元

使用部门	资产项目	上月已计提折旧额	本月增加	本月减少	本月应计提折旧额
管理部门					
销售部门					
生产车间					
合　计					

如果上月固定资产项目没有增减变化，那么本月继续沿用上月的折旧表。

计提折旧的时候，按固定资产的受益部门分摊。

借：管理费用
　　销售费用
　　制造费用
　　贷：累计折旧

七、生物资产

生物资产就是有生命的动物和植物。

《企业会计准则》把生物资产划分为三类：消耗性生物资产、生产性生物资产、公益性生物资产。而《小企业会计准则》只保留了前两种，它们也是会计科目。

之所以单独讲解生物资产，是因为只有农、林、牧、渔业企业才会有。

消耗性生物资产，是指生长中的大田作物、蔬菜、用材林以及存栏待售的牲畜等，属于存货。

生产性生物资产，是指农、林、牧、渔业企业为生产农产品、提供劳务或出租等目的而持有的生物资产，包括经济林、薪炭林、产畜和役畜等。更像是固定资产。

有时候因为生物资产的用处不同,两个科目里的内容也在转换。

比如,饲养的猪,如果为了销售,它就是消耗性生物资产;如果为了繁殖小猪,它就是生产性生物资产。

(一)取得核算

1. 消耗性生物资产

消耗性生物资产的取得不同,成本也不同。

(1)外部购买。

外购的成本包括:购买价款、相关税费、运输费、装卸费、保险费等。

借:消耗性生物资产

　　贷:银行存款(或应付账款)

(2)自行栽培。

自行栽培的大田作物和蔬菜的成本,包括在收获前耗用的种子、肥料、农药等材料费、人工费和应分摊的间接费用。

借:消耗性生物资产

　　贷:银行存款(或应付职工薪酬等)

(3)自行营造。

自行营造的林木类消耗性生物资产的成本,包括郁闭前发生的造林费、抚育费、营林设施费、良种试验费、调查设计费和应分摊的间接费用。

借:消耗性生物资产

　　贷:银行存款(或应付职工薪酬)

(4)自行繁殖。

自行繁殖的育肥畜的成本,包括出售前发生的饲料费、人工费和应分摊的间接费用。

借:消耗性生物资产

　　贷:银行存款(或应付职工薪酬等)

(5)水产养殖。

水产养殖的动物和植物的成本,包括在出售或入库前耗用的苗种、饲料、肥料等材料费、人工费和应分摊的间接费用。

借:消耗性生物资产

　　贷:银行存款(或应付职工薪酬等)

（6）后续支出。

① 择伐、间伐或抚育更新性质采伐而补植林木类消耗性生物资产发生的后续支出：

借：消耗性生物资产
　　贷：银行存款（或应付账款等）

② 林木类消耗性生物资产达到郁闭后发生的管护费用等后续支出：

借：管理费用
　　贷：银行存款（或应付账款等）

（7）生产成本。

农业生产过程中发生的应归属于消耗性生物资产的费用，按应分配的金额：

借：消耗性生物资产——种类
　　贷：生产成本

2. 生产性生物资产

生产性生物资产核算的时候按"未成熟生产性生物资产"和"成熟生产性生物资产"，然后按生物资产的种类、群别、所属部门等进行明细核算。

（1）外部采购。

外购的生产性生物资产的成本，包括购买价款和相关税费。

借：生产性生物资产——未成熟生产性生物资产
　　贷：银行存款（或应付账款）

有不免税的企业并可抵扣进项税的，还要借记"应交税费——应交增值税（进项税额）"科目。

（2）自行营造。

自行营造的林木类生产性生物资产的成本，包括发生的造林费、抚育费、营林设施费、良种试验费、调查设计费和应分摊的间接费用等必要支出。

借：生产性生物资产——未成熟生产性生物资产
　　贷：银行存款（或原材料）

（3）自行繁殖。

自行繁殖的产畜和役畜的成本，包括发生的饲料费、人工费和应分摊的间接费用等必要支出。

  借：生产性生物资产——未成熟生产性生物资产
    贷：原材料（应付职工薪酬等）

（4）资产成熟。

未成熟生产性生物资产达到预定生产经营目的时，按其账面余额。

  借：生产性生物资产——成熟生产性生物资产
    贷：生产性生物资产——未成熟生产性生物资产

（5）后续支出。

① 择伐、间伐或抚育更新等生产性采伐而补植林木类生产性生物资产发生的后续支出：

  借：生产性生物资产
    贷：银行存款

② 生产性生物资产发生的管护、饲养费用等后续支出：

  借：管理费用
    贷：银行存款

（二）发出核算

1. 消耗性生物资产

（1）资产出售。

先做收入：

  借：银行存款
    贷：主营业务收入

后转成本：

  借：主营业务成本
    贷：消耗性生物资产

（2）资产转换。

① 指消耗性生物资产收获为农产品时：

  借：农产品
    贷：消耗性生物资产

在农业企业会计中，"农产品"相当于工商业的"库存商品"科目，在房地产业就叫"开发产品"，这些科目是可以根据不同行业进行修改的。

② 育肥畜转为产畜与役畜时：

借：生产性生物资产
　　贷：消耗性生物资产

2. 生产性生物资产

（1）产畜或役畜淘汰转为育肥畜，按转群时的账面余额。

借：消耗性生物资产
　　生产性生物资产累计折旧
　　　　贷：生产性生物资产（余额）

（2）处置资产。

因出售、报废、毁损、对外投资等原因处置生产性生物资产时：

① 收入的价款大于账面成本时：

借：银行存款（出售价款、残料价值和变价收入）
　　生产性生物资产累计折旧（账面余额）
　　　　贷：生产性生物资产（账面余额）
　　　　　　营业外收入——非流动资产处置净收益（差额）

② 收入的价款小于账面成本时：

借：银行存款（出售价款、残料价值和变价收入）
　　生产性生物资产累计折旧（账面余额）
　　营业外支出——非流动资产处置净损失（差额）
　　　　贷：生产性生物资产（账面余额）

（三）累计折旧

这个累计折旧，折的是成熟生产性生物资产。它与固定资产的累计折旧类似，也有最低年限和折旧方法。

1. 折旧方法

生产性生物资产应当按照年限平均法计提折旧。

2. 折旧年限

（1）林木类生产性生物资产，为 10 年。

（2）畜产类生产性生物资产，为 3 年。

3. 相关分录

计提折旧时：

借：生产成本
　　　管理费用
　　贷：生产性生物资产累计折旧

由于农业会计的核算比较特殊，这里只把与"生物资产"有关的会计科目做了讲解，没有深入到农业企业的实际账务。

有一点要注意：有些农业企业是免税的，有的是先征后退，在账务上有些区别：免税的，可以不计提税金；先征后退的，要先计提税金，退税时贷记"营业外收入"科目。

八、无形资产

小企业的无形资产在核算上与固定资产相似。

下面以一般纳税人为例。

（一）取得

1. 外部购买

$$入账价格 = 购买价款 + 相关税费 + 其他支出$$

借：无形资产
　　　应交税费——应交增值税（进项税额）
　　贷：银行存款

2. 自行开发

借：无形资产（土地使用权）
　　贷：银行存款

3. 研发项目

借：无形资产
　　贷：研发支出

4. 投资取得

$$入账价格 = 评估价 + 相关税费$$

借：无形资产（协议或评估价）
　　贷：实收资本

（二）发出核算

处置无形资产的时候，要将实际取得的价款与其账面余额之间的差额，赚了，贷记"营业外收入"科目；赔了，借记"营业外支出"科目。

1. 收入的价款大于账面成本时

借：银行存款（收到的金额）
　　贷：无形资产（账面余额）
　　　　应交税费——应交增值税（销项税额）
　　　　营业外收入——非流动资产处置净收益（差额）

2. 收入的价款小于账面成本时

借：银行存款（收到的金额）
　　营业外支出——非流动资产处置净损失（差额）
　　贷：无形资产（账面余额）
　　　　应交税费——应交增值税（销项税额）

（三）累计摊销

无形资产在使用过程中，要将其余额逐月地转到当期损益。核算上要冲减无形资产成本。

1. 摊销方法

无形资产采用年限平均法进行摊销。

2. 摊销年限

无形资产的摊销期：自可供使用时开始，至停止使用或出售时止。也就是当月使用，当月摊销，处置当月不再摊销。

有关法律规定或合同约定了使用年限的，可以按照规定或约定的使用年限分期摊销。企业不能可靠估计无形资产使用寿命的，摊销期不短于10年。

3. 账务处理

直接借记"管理费用"科目。

借：管理费用（或制造费用）
　　贷：累计摊销

九、长期待摊

一说待摊，指的就是费用。长期待摊费用，是已经发生但需要分摊 1 年以上。

（一）待摊范围

（1）已提足折旧的固定资产的改建支出，按照固定资产预计尚可使用年限分期摊销。

（2）经营租入固定资产的改建支出，按照合同约定的剩余租赁期限分期摊销。

（3）符合税法规定的固定资产大修理支出，按照固定资产尚可使用年限分期摊销。

这项规定是指：修理支出达到取得固定资产时的计税基础 50% 以上；修理后固定资产的使用寿命延长 2 年以上。

（4）其他长期待摊费用，自支出发生月份的下月起分期摊销，摊销期不得低于 3 年。

（二）费用处理

1. 费用发生

（1）发生费用支出：

借：长期待摊费用

　　贷：银行存款

（2）领用装修材料：

借：长期待摊费用

　　贷：原材料

　　　　应交税费——应交增值税（进项税额转出）

（3）修房屋人工费：

借：长期待摊费用

　　贷：应付职工薪酬——工资

2. 费用摊销

每个月根据费用所属部门分摊：

借：管理费用

　　　制造费用

　　　贷：长期待摊费用

资产类的核算掌握这么多就可以了。接着往下看，继续学要领！

要领二　负债核算

企业的负债按照偿还的速度或偿还的时间，可分为流动负债和非流动负债。流动负债，是指预计在1年或者超过1年的一个正常营业周期内清偿的债务，其他的为非流动负债。

负债核算：增加记贷方，减少记借方。

一、短期借款

短期借款，核算的是向银行或其他金融机构等借入的期限在1年以下（含1年）的各种借款。

前面没有讲解这方面的实务，因为小企业贷款不容易，有的根本就没有这项业务。

（一）取得核算

1. 收到贷款时

借：银行存款

　　　贷：短期借款——借款人

2. 银行承兑汇票到期无力支付时

借：应付票据

　　　贷：短期借款——银行

3. 持有未到期的商业汇票贴现时

借：银行存款（实收额）

　　　　财务费用（利息）
　　　贷：应收票据（银行无追索权的）
　　　　　短期借款（银行有追索权的）

（二）计提利息

短期借款一般是几个月，每月应当按照借款本金和借款利率计提利息。

1. 计算利息

$$月利息 = 本金 \times 年利率 \div 12$$

2. 用于工程

　　借：在建工程（决算前）
　　　贷：应付利息

3. 用于经营

　　借：财务费用——利息
　　　贷：应付利息

4. 支付利息

　　借：应付利息
　　　贷：银行存款

这里的"应付利息"也是负债类的会计科目。

（三）偿还借款

短期借款到期后，偿还本金。

　　借：短期借款
　　　贷：银行存款

二、应付款项

　　企业在经营过程中发生的应付款项有三个科目，应付票据、应付账款和预收账款。购货开出商业汇票的在"应付票据"科目里核算，购货欠款的在"应付账款"科目里核算，先收款未付货的在"预收账款"科目里核算。如果是劳务交易，也是类似情况。

　　预收账款情况不多的，可以不设置"预收账款"科目，用"应收账款"

科目代替。记着用贷方哦，表示是负债。

（一）款项发生

1. 购买货物

企业购买商品或原材料时，发生的未付款：

借：原材料（或库存商品）
　　应交税费——应交增值税（进项税额）
　　贷：应付账款——单位（债权人）

2. 接受劳务

企业外雇专业单位修理机器设备，欠的修理费：

借：制造费用——修理费
　　贷：应付账款——单位（债权人）

3. 预收货款

提前收的货款：

借：银行存款
　　贷：预收账款——单位

4. 开出汇票

开出承兑商业汇票：

借：库存商品（存货类科目）
　　应交税费——应交增值税（进项税额）
　　贷：应付票据——单位（债权人）

（二）款项支付

"应付账款"发生负债时记在贷方，付款后记在借方。

1. 支付欠款

借：应付账款——单位（债权人）
　　贷：银行存款

2. 付出货物

借：预收账款
　　贷：主营业务收入
　　　　应交税费——应交增值税

3. 汇票到期

借：应付票据

　　贷：银行存款

4. 无力支付

借：应付票据

　　贷：短期借款（限银行承兑汇票）

前面学习了"应收账款"，现在又认识了"应付账款"。有时候在一套分录里会同时出现这两个科目，你知道什么情况吗？

我教会计的时候，有人问过我这样的问题：

在他们的应收账款上，有一笔应收 A 企业的货款 3 万元，在应付账款上有一笔欠 B 企业的材料款 5 万元。A 企业替他们还了 B 企业的欠款 3 万元。怎么做分录。

我是这样告诉他的：

借：应付账款——B 企业　　　　　　　　　　　　30 000

　　贷：应收账款——A 企业　　　　　　　　　　　30 000

记到账上后，应收账款上的 A 企业账户结清了，应付账款上的 B 企业账户余额还有 2 万元。

我问他，为什么 A 企业不把钱给你，你再付给 B 企业呢？

回答是：B 企业着急用钱。

你看，实际工作中，什么情况都有可能发生。以至于有的人工作后抱怨学习和工作有距离。其实会计工作需要变通，而万变不能偏离其宗。

三、应付薪酬

前面在工资薪酬上讲的不多，这里集中讲解工资的核算。

应付职工薪酬，是指小企业为获得职工提供的服务而应付给职工的各种形式的报酬以及其他相关支出。

有的企业当月发放当月工资，会计不习惯计提，发放的时候直接计入费用。

我觉得只要符合配比原则，是否计提问题不大。尤其是商品流通企业，只有一个"销售费用"科目，上面的工资数就是企业的工资总额，很集中，也很醒目。

不过加工制造业的工资需要计提，因为整个企业的工资被分配到各个部门，想掌握工资总额还要翻账、合计，不方便。还有一个重要原因，年末汇算清缴的时候，有几项费用需要根据工资总额核算是否超标，所以计提工资显得很有必要。

"应付职工薪酬"科目下设明细科目："职工工资、奖金、津贴和补贴""职工福利费""社会保险费""住房公积金""工会经费和职工教育经费""非货币性福利""辞退福利"。

外商投资企业按照规定从净利润中提取的职工奖励及福利基金，也在本科目核算。

（一）工资组成

企业的工资额要准确，因为涉及职工福利费、工会经费、职工教育经费的核算，还有个人所得税的计提。

纳入工资总额的项目包括：

（1）职工工资、奖金、津贴和补贴。这个补贴，包括现金支付的通信补贴、住房补贴、餐费补贴、交通补贴、节日补贴。

（2）职工福利费。

（3）医疗保险费、养老保险费、失业保险费、工伤保险费和生育保险费等社会保险费。

（4）住房公积金。

（5）工会经费和职工教育经费。

（6）非货币性福利。

（7）因解除与职工的劳动关系给予的补偿。

（8）其他与获得职工提供的服务相关的支出等。

税务总局为了防止企业做虚假工资，对税前允许抵扣的工资范围做了规定：

①企业要制定较为规范的员工工资薪金制度；②企业所制定的工资薪金制度符合行业及地区水平；③企业在一定时期所发放的工资薪金是相对固定的，工资薪金的调整是有序进行的；④企业对实际发放的工资薪金，已依法履行了代扣代缴个人所得税义务；⑤有关工资薪金的安排，不以减少或逃避

税款为目的。

还有，国企的工资薪金，不得超过政府有关部门给予的限定数额；超过部分，不得计入企业工资薪金总额，也不得在计算企业应纳税所得额时扣除。

这是教材以外的内容，作为会计应该知道。

(二) 职工福利

说到工资就不能不说职工福利费。

这部分内容教材讲的不多，而实际工作中又经常遇到。

我们先看看财政部关于"企业职工福利费"的规定。

企业职工福利费是指企业为职工提供的除职工工资、奖金、津贴、纳入工资总额管理的补贴、职工教育经费、社会保险费和补充养老保险费（年金）、补充医疗保险费及住房公积金以外的福利待遇支出，包括发放给职工或为职工支付的各项现金补贴和非货币性集体福利。

具体说明如下：

一是职工基本医疗保险费、补充医疗和补充养老保险费，已经按工资总额的一定比例缴纳或提取，直接列入成本费用，不再列作职工福利费管理。

二是其他属于福利费开支范围的传统项目，继续保留作为职工福利费管理。比如：企业向职工发放的因工外地就医费用、暂未实行医疗统筹企业职工医疗费用、职工供养直系亲属医疗补贴等。

三是离退休人员统筹外费用、职工疗养费用、防暑降温费、企业尚未分离的内设福利部门设备设施的折旧及维修保养费用、符合国家有关财务规定的供暖费补贴，调整纳入职工福利费范围。

四是企业为职工提供的交通、住房、通信待遇，过去未明确纳入职工福利费范围，《通知》印发后，已经实行货币化改革的，作为"各种津贴和补贴"，明确纳入职工工资总额管理，如按月按标准发放或支付的住房补贴、交通补贴或者车改补贴、通信补贴；尚未实行货币化改革的，相关支出则调整纳入职工福利费管理。

五是对于企业给职工发放的节日补助、未统一供餐而按月发放的午餐费补贴，明确纳入工资总额管理。

此外，税法对于职工福利费也有个税前抵扣标准：工资总额的 14% 部分允许税前抵扣，超过部分不许抵扣。因此会计要知道这个比例，年末汇算清缴的时候用得着。

下面我们再看看税务总局的相关规定：

（1）尚未实行分离办社会职能的企业，其内设福利部门所发生的设备、设施和人员费用，包括职工食堂、职工浴室、理发室、医务所、托儿所、疗养院等集体福利部门的设备、设施及维修保养费用和福利部门工作人员的工资薪金、社会保险费、住房公积金、劳务费等。

（2）为职工卫生保健、生活、住房、交通等所发放的各项补贴和非货币性福利，包括企业向职工发放的因公外地就医费用、未实行医疗统筹企业职工医疗费用、职工供养直系亲属医疗补贴、供暖费补贴、职工防暑降温费、职工困难补贴、救济费、职工食堂经费补贴、职工交通补贴等。

（3）按照其他规定发生的其他职工福利费，包括丧葬补助费、抚恤费、安家费、探亲假路费等。

私企的福利费发得不多，14%基本不会超标。而国企的职工福利很优厚。为此国家规定企业要把福利费单设一本账。

（三）教育经费

为了培训职工发生的教育费支出，按不超过工资总额的2.5%部分可以税前扣除，超过部分允许结转到以后年度扣除。

比如，今年的工资总额是100万元，实际教育费支出4.5万元，按2.5%的扣除标准多了2万元，那么本年只许税前扣除2.5万元，余下的2万元在下一个纳税年度里扣除。

有些企业比较重视员工教育，每年会拿出一些教育经费，培训员工技能。但有些员工流动过于频繁，老板就舍不得给别人作嫁衣了，因此不用担心这笔经费会超支。

（四）工会经费

企业拨缴的用于职工的文化生活支出，不超过工资薪资总额2%的部分，可以扣除。现在这笔钱由税务机关代征了。

有人不明白工会经费是怎么回事，我在这里顺便普及一下。

凡依法建立工会组织的企业、事业单位以及其他组织，每月按照工资总额的2%向工会拨缴工会经费。没有成立工会组织的,也要缴纳,叫"工会筹备金"。当企业成立工会组织后,上级工会要退给企业工会不少于40%的经费。

企业的工会组织,是企业的小机构,要单独设立银行账户,有自己的财务部门,独立核算。它们收到企业缴纳的工会经费后,留下40%,其余的上缴。按规定企业的工会组织要到上级工会领取"工会经费收入专用收据",就像企业要到税务机关购买发票一样。企业缴纳经费后,工会组织要开具"工会经费收入专用收据"给企业,这样的票据才允许税前抵扣。

计提工会经费掌握两个要点:一是不能超过工资总额的2%;二是要有"工会经费收入专用收据"才能税前抵扣。

上述三个"费",所得税法都是有税前抵扣标准的,年末汇算清缴的时候要注意。

(五) 五险一金

五险一金,即养老保险、医疗保险、失业保险、工伤保险和生育保险,还有住房公积金。

五险中,前三险需要企业和个人按工资比例负担,后两险由企业缴纳;一金是企业与个人各负担一半。

五险一金的收缴有不同的部门,有的是银行代缴,有的是地税局代缴,各地都有自己的规定,很方便。

五险一金的计提都有一定的比例,各省份之间略有差别,大致如下(见表2-4):

表2-4　　　　　　　　　五险一金计提比例

五险一金	单位缴费比例(%)	个人缴费比例(%)
养老保险	20	8
医疗保险	8	2
失业保险	2	1
工伤保险	0.6	—
生育保险	0.6	—
住房公积金	10	10

缴费基数是当地月平均工资的 60%~300%，每年相关部门都要公布最低的缴费基数。

（六）账务处理

工资分配本着谁受益、谁负担的原则，职工为哪个部门服务了，就借记对应的科目。

具体如下：

1. 明细处理

（1）生产薪酬。

生产工人的薪酬，借记"生产成本"科目。

（2）车间薪酬。

生产车间管理人员的薪酬，借记"制造费用"科目。

（3）管理薪酬。

管理部门人员的职工薪酬和因解除与职工的劳动关系给予的补偿，借记"管理费用"科目。

（4）销售薪酬。

销售人员的职工薪酬，借记"销售费用"科目。

（5）建安薪酬。

为安装设备或者建房时发生的职工薪酬，借记"在建工程"科目，最终会结转计入固定资产成本。因为企业很少有建安业务，所以这个科目也很少用。

2. 账务程序

因为教材在应付职工薪酬一节里只介绍了企业负担的社保分录，没讲个人负担的保险费怎么处理，还有个人所得税的计提，在这里一并讲解。

小企业工资的核算顺序一般是先确认、后发放。

（1）确认工资。

确认工资，也叫计提工资，或者叫分配工资，意思一样。

会计要根据人力资源部门报来的工资表，按部门汇总，编制一份"职工薪酬分配表"（见表 2-5）。

表 2-5　　　　　　　　　　　职工薪酬分配表

20××年 3 月 31 日　　　　　　　　　　　　　单位：元

借方科目		应发工资	代扣社保	代扣个税	实发工资
生产成本	产品				
制造费用	工资				
管理费用	工资				
销售费用	工资				
合　　计					

把数据填上后，按应发额做分录：

借：生产成本——某产品（人工费）

　　制造费用——工资

　　管理费用——工资

　　销售费用——工资

　　贷：应付职工薪酬——工资

（2）计提保费。

社会保险费分两部分：企业负担的部分记到各成本费用中，个人负担的企业代扣的借记"其他应收款"科目。

借：生产成本——社会保险费

　　制造费用——社会保险费

　　管理费用——社会保险费

　　销售费用——社会保险费

　　贷：应付职工薪酬——社会保险费

（3）计提会费。

借：管理费用——工会经费

　　贷：应付职工薪酬——工会经费

（4）发放工资。

发放工资的时候，根据"工资结算汇总表"的实发额做分录。

先取款：

借：库存现金

　　贷：银行存款

后支付：

借：应付职工薪酬——工资

　　贷：库存现金

（5）代扣个税。

借：应付职工薪酬——工资

　　贷：应交税费——应交个人所得税

（6）代付保费。

借：应付职工薪酬——工资

　　贷：其他应付款——个人社保费（个人负担部分）

（7）支付会费。

借：应付职工薪酬——工会经费

　　贷：银行存款

（8）支付保费。

借：应付职工薪酬——社会保险（企业负担部分）

　　其他应付款——个人社保费（个人负担部分）

　　贷：银行存款（总额）

有些企业是先缴纳社会保险费，然后处理账务，不计提，也可以的。不过从核算的角度看，还是规范一点比较好。

（9）代缴个税。

借：应交税费——应交个人所得税

　　贷：银行存款

（10）发放福利。

企业准备用自产的产品发放给职工的，先确认、后发放。

① 确认时：

借：管理费用（行政部门）

　　生产成本（生产部门）

　　销售费用（销售部门）

　　制造费用（生产管理部门）

　　贷：应付职工薪酬——非货币性福利

② 发放时：

借：应付职工薪酬——非货币性福利

贷：主营业务收入（销售价）

　　　　应交税费——应交增值税（销项税额）

上笔业务属于视同销售，要按市场销售价确认收入并计提税金，相关内容在"应交税费"里会涉及。

③ 结转成本：

　　借：主营业务成本

　　　　贷：库存商品

正常情况下，月末的"应付职工薪酬"是贷方科目，反映的是应付未付的职工薪酬。月初发放工资后无余额。到了月末再计提本月的工资，这时又出现了贷方余额，循环往复。因此，资产负债表里的"应付职工薪酬"一栏，总是有余额的。如果当月计提、当月发放就没有余额，这种情况不多。

四、应交税费

目前，我国的税收分为流转税、所得税、资源税、财产税、行为税五大类，有 20 多种。

企业在国税局缴纳的税种有增值税、消费税、企业所得税；在地税局缴纳的税种有房产税、城镇土地使用税、城市维护建设税、教育费附加费、地方教育附加、车船税、印花税、个人所得税，有的企业所得税是在地税局缴纳；在海关缴纳的有关税，还有代征的进口增值税和消费税。

计算税金是每个会计都要必会的功课。因为每个企业都会涉及七八种税金，会计每个月都要跟国税局和地税局打交道。有的会计参加工作之前，到处打听企业要缴纳什么税金，要注意什么问题。可见，他们已经认识到税务的重要性。为此，这部分内容我要详细说说。

说到税金，就不能不提税管员。

每个企业都有一个税务专管员，他们的义务是为企业提供纳税服务，对纳税进行监督和指导，会告诉会计企业应缴纳的税种、申报方法以及时间等。我们要学会运用这些资源。

比如，企业本月的资金不足以缴纳税金了，那么会计就可以跟税管员打招呼，向税务局申请延期纳税。多掌握税务常识，对企业是有好处的，老板一高兴说不定还会给你加薪呢。

下面看看企业的税金是怎么计算的。

（一）增值税金

增值税是对销售货物或提供加工、修理修配劳务、销售服务、无形资产或者不动产，是指有偿提供服务、有偿转让无形资产或者不动产征收的税种。

缴纳增值税的企业被划分为两类人：一般纳税人和小规模纳税人。

前面我们已经介绍了两者的区别，现在看看这两类人是怎么核算增值税的。

1. 计提方法

增值税是价外税，也就是说销售货物的全部价款是包含增值税的，核算的时候要把增值税和货物的价款分开：货物的价款是企业的收入，税金要交给国家。

一般纳税人与小规模纳税人的税率不同，税金的计提方法也不同。

（1）一般纳税人。

一般纳税人发生应税行为适用一般计税方法计税。一般纳税人发生财政部和国家税务总局规定的特定应税行为，可以选择适用简易计税方法计税，但一经选择，36个月内不得变更。

一般计税方法的应纳税额，是指当期销项税额抵扣当期进项税额后的余额。应纳税额计算公式：

$$应纳税额 = 当期销项税额 - 当期进项税额$$

当期销项税额小于当期进项税额不足抵扣时，其不足部分可以结转下期继续抵扣。

销项税额，是指纳税人发生应税行为按照销售额和增值税税率计算并收取的增值税额。销项税额计算公式：

$$销项税额 = 销售额 \times 税率$$

一般计税方法的销售额不包括销项税额，纳税人采用销售额和销项税额合并定价方法的，按照下列公式计算销售额：

$$销售额 = 含税销售额 \div (1 + 税率)$$

虽然公式这么写，但实际上开具的增值税专用发票已经把金额和税额分开了。见31页的那张发票，一般纳税人开具的普通发票和专用发票只是字面上有区别，格式、税率是一样的。

（2）小规模纳税人。

小规模纳税人发生应税行为适用简易计税方法计税。

简易计税方法的销售额不包括其应纳税额，纳税人采用销售额和应纳税额合并定价方法的，按照下列公式计算销售额：

$$销售额 = 含税销售额 \div (1 + 征收率)$$

简单记就是：入账销售额 = 发票金额 ÷ 1.03

例如：商店销售一批商品 16 800 元。

主营业务收入 = 16 800 ÷ 1.03 = 16 310.68（元）

应交增值税 = 16 800 - 16 310.68 = 489.32（元）

用公式验算一下应交增值税：16 310.68 × 0.03 = 489.32（元）

是正确的，可以处理账务了。

2. 抵扣问题

因为一般纳税人的进项税可以在销项税里抵扣，所以会计要知道哪里允许抵扣、哪些不许抵扣。

（1）允许抵扣。

增值税条例上规定，下列进项税额准予从销项税额中抵扣：

① 从销售方取得的增值税专用发票上注明的增值税额。

② 从海关取得的海关进口增值税专用缴款书上注明的增值税额。

③ 购进农产品，除取得增值税专用发票或者海关进口增值税专用缴款书外，按照农产品收购发票或者销售发票上注明的农产品买价和 13% 的扣除率计算的进项税额。进项税额计算公式：

$$进项税额 = 买价 \times 扣除率$$

买价，是指纳税人购进农产品在农产品收购发票或者销售发票上注明的价款和按照规定缴纳的烟叶税。

购进农产品，按照《农产品增值税进项税额核定扣除试点实施办法》抵扣进项税额的除外。

④ 从境外单位或者个人购进服务、无形资产或者不动产，自税务机关或者扣缴义务人取得的解缴税款的完税凭证上注明的增值税额。

（2）不许抵扣。

增值税条例上规定，下列项目的进项税额不得从销项税额中抵扣：

① 用于简易计税方法计税项目、免征增值税项目、集体福利或者个人消费的购进货物、加工修理修配劳务、服务、无形资产和不动产。其中涉及的固定资产、无形资产、不动产，仅指专用于上述项目的固定资产、无形资产（不包括其他权益性无形资产）、不动产。

纳税人的交际应酬消费属于个人消费。

② 非正常损失的购进货物，以及相关的加工修理修配劳务和交通运输服务。

③ 非正常损失的在产品、产成品所耗用的购进货物（不包括固定资产）、加工修理修配劳务和交通运输服务。

④ 非正常损失的不动产，以及该不动产所耗用的购进货物、设计服务和建筑服务。

⑤ 非正常损失的不动产在建工程所耗用的购进货物、设计服务和建筑服务。

纳税人新建、改建、扩建、修缮、装饰不动产，均属于不动产在建工程。

⑥ 购进的旅客运输服务、贷款服务、餐饮服务、居民日常服务和娱乐服务。

⑦ 财政部和国家税务总局规定的其他情形。

本条第④项、第⑤项所称货物，是指构成不动产实体的材料和设备，包括建筑装饰材料和给排水、采暖、卫生、通风、照明、通信、煤气、消防、中央空调、电梯、电气、智能化楼宇设备及配套设施。

3. 视同销售

企业发生税法上视同销售的行为，应当按照企业会计准则制度相关规定进行相应的会计处理，并按照现行增值税制度规定计算的销项税额。说白了，也就是说企业没收到货款，也要缴纳增值税。

视同销售的情形如下：

（1）将货物交付其他单位或者个人代销；

（2）销售代销货物；

（3）设有两个以上机构并实行统一核算的纳税人，将货物从一个机构移送其他机构用于销售，但相关机构设在同一县（市）的除外；

（4）将自产或者委托加工的货物用于非增值税应税项目；

（5）将自产、委托加工的货物用于集体福利或者个人消费；

（6）将自产、委托加工或者购进的货物作为投资，提供给其他单位或者个体工商户；

（7）将自产、委托加工或者购进的货物分配给股东或者投资者；

（8）将自产、委托加工或者购进的货物无偿赠送其他单位或者个人。

（9）向其他单位或者个人无偿提供服务，但用于公益事业或者以社会公众为对象的除外。

（10）向其他单位或者个人无偿转让无形资产或者不动产，但用于公益事业或者以社会公众为对象的除外。

4. 税额转出

当购进的货物已经做了进项税额处理后，因管理不善造成被盗、丢失、霉烂变质的损失，或者外购的货物改变了用途，或者用于非应税项目，按税法的规定要做"进项税额转出"。自然灾害造成的损失，其进项税额不用转出。

"进项税额"发生时在借方，转出时在贷方。都转到哪儿去呢？

（1）管理不善。

由于管理上的原因造成的损失。

① 审批前：

借：待处理财产损溢——待处理流动资产损溢

　　贷：原材料（库存商品等）

　　　　应交税费——应交增值税（进项税额转出）

② 审批后：

借：营业外支出

　　贷：待处理财产损溢——待处理流动资产损溢

（2）建筑工程。

企业把外购的存货用于建筑上时：

借：在建工程

　　贷：原材料（库存商品等）

　　　　应交税费——应交增值税（进项税额转出）

（3）用于福利。

用于职工福利的材料，属于非应税项目。

借：应付职工薪酬——职工福利

贷：原材料（或库存商品）
　　　　　应交税费——应交增值税（进项税额转出）

5. 账务区别

因为一般纳税人与小规模纳税人的核算方法不同、税率不同，账务处理也略有不同。

（1）一般纳税人。

企业收到的增值税专用发票要经过税务机关的认证，开出去的所有增值税发票要通过税控系统抄税。这一出一进都要通过税务机关的检验。

由于一般纳税人支付的进项税可以在销项税里抵扣，因此在核算上稍显麻烦。哪些允许抵扣哪些不许抵扣，都有明确的规定，后面会单独讲解。

① 取得业务。

取得资产或接受劳务等业务的账务处理。

这些业务涉及"应交税费——应交增值税（进项税额）"或"应交税费——应交增值税（待认证进项税额）"科目，均处理在借方。

购买货物或者接受劳务，会收到对方的增值税专用发票，发票上的"金额"是价款，"税额"就是进项税。如果当月已认证的可抵扣增值税额，就借记"应交税费——应交增值税（进项税额）"科目，如果当月未认证的可抵扣增值税额，就借记"应交税费——待认证进项税额"科目。

下面是取得增值税专用发票的账务：

　借：库存商品（或原材料、固定资产、无形资产、管理费用等）
　　　应交税费——应交增值税（进项税额）
　　贷：银行存款（应付账款等）

下面是货物等已验收入库但尚未取得增值税扣税凭证的，月末按货物清单或相关合同协议上的价格暂估入账：

　借：库存商品（或原材料、固定资产、无形资产、管理费用等）
　　贷：银行存款（应付账款等）

到了下月初，要用红字冲销原暂估入账金额，待取得相关增值税扣税凭证并经认证后，按应计入相关成本费用或资产的金额。

② 销售业务。

企业销售货物、加工修理修配劳务、服务、无形资产或不动产，"应交税费——应交增值税（销项税额）"或"应交税费——简易计税"科目，均记在贷方。

你在开出去的增值税发票上可以看到:"金额"是收入,"税额"就是销项税额。当然也有无票税金,比如视同销售的税金。

下面是正常的销售业务账务:

借:银行存款(或应收账款等)
    贷:主营业务收入(或其他业务收入、固定资产清理)
        应交税费——应交增值税(销项税额)

下面是视同销售的账务:

先看企业把自产的产品分给员工,根据员工部门,计入相关成本、费用的账务:

借:管理费用
    生产成本
    制造费用
    销售费用
    贷:应付职工薪酬——非货币性福利

再看确认收入的账务:

借:应付职工薪酬——非货币性福利
    贷:应交税费——应交增值税(销项税额)

③ 差额业务。

因为有些服务性质的企业发生相关成本费用允许扣减销售额,也就是按差额纳税,账务上有点不同。

发生成本费用时:

借:主营业务成本(或存货、工程施工等)
    贷:银行存款(或应付账款)

待取得合规增值税扣税凭证且纳税义务发生时:

借:应交税费——应交增值税(销项税额抵减)
    贷:主营业务成本(存货、工程施工等)

④ 出口退税。

为了核算纳税人出口货物应收取的出口退税款,应该设置"应收出口退税款"科目。这个科目的借方反映销售出口货物按规定向税务机关申报应退回的增值税、消费税等,贷方反映实际收到的出口货物应退回的增值税、消费税等。期末借方余额，反映尚未收到的应退税额。

下面是未实行"免、抵、退"办法的一般纳税人出口货物按规定退税的账务：

借：应收出口退税款
　　贷：应交税费——应交增值税（出口退税）

收到出口退税时：

借：银行存款
　　贷：应收出口退税款

退税额低于购进时取得的增值税专用发票上的增值税额的差额时：

借：主营业务成本
　　贷：应交税费——应交增值税（进项税额转出）

下面是实行"免、抵、退"办法的一般纳税人出口货物，在货物出口销售后结转产品销售成本时的账务：

借：主营业务成本
　　贷：应交税费——应交增值税（进项税额转出）

按规定计算的当期出口货物的进项税抵减内销产品的应纳税额：

借：应交税费——应交增值税（出口抵减内销产品应纳税额）
　　贷：应交税费——应交增值税（出口退税）

在规定期限内，内销产品的应纳税额不足以抵减出口货物的进项税额，不足部分按有关税法规定给予退税的，应在实际收到退税款时：

借：银行存款
　　贷：应交税费——应交增值税（出口退税）

⑤ 税额转出。

这里是指进项税额的转出。因发生非正常损失或改变用途等，原已计入进项税额、待抵扣进项税额或待认证进项税额，按税法规定不能从销项税额中抵扣，因此要转出来。涉及"应交税费——应交增值税（进项税额转出）"科目，记在贷方。

已计入进项税抵扣的存货因毁损、报废等原因，税额要转出时：

借：待处理财产损溢——待处理流动资产损溢（或应付职工薪酬、固
　　　　　　　　　　定资产、无形资产等）
　　贷：库存商品

　　　　应交税费——应交增值税（进项税额转出）

　　原不得抵扣且未抵扣进项税额的固定资产、无形资产等，因改变用途等用于允许抵扣进项税额的应税项目时：

　　借：应交税费——应交增值税（进项税额）

　　　　贷：固定资产（或无形资产等）

⑥ 月末转出。

　　到了月末，应当将当月应交未交或多交的增值税自"应交增值税"明细科目转入"未交增值税"明细科目。

　　当月应交未交的增值税账务：

　　借：应交税费——应交增值税（转出未交增值税）

　　　　贷：应交税费——未交增值税

　　当月多交的增值税账务：

　　借：应交税费——未交增值税

　　　　贷：应交税费——应交增值税（转出多交增值税）

⑦ 交纳税金。

　　增值税的交纳有四种情况：预缴、交纳当月、交纳上月、减免，涉及"应交税费——应交增值税（已交税金）"、"应交税费——未交增值税"和"应交税金——应交增值税（减免税款）"科目，下面分别看都是怎么处理账务的。

　　先看预缴增值税的账务。

　　预缴时：

　　借：应交税费——预交增值税

　　　　贷：银行存款

　　月末结转时：

　　借：应交税费——未交增值税

　　　　贷：应交税费——预交增值税

　　再看交纳当月应交增值税的账务：

　　借：应交税费——应交增值税（已交税金）

　　　　贷：银行存款

　　注意，这个"已交税金"是指本月缴纳本月的增值税金，缴纳上月的增值税不在这个项目中核算。

下面看交纳以前期间未交增值税的账务：

借：应交税费——未交增值税

　　贷：银行存款

最后看减免增值税的账务：

借：应交税金——应交增值税（减免税款）

　　贷：管理费用（相关损益类科目）

⑧ 免征税金。

小微企业在取得销售收入时，应当按照税法的规定计算应交增值税，并确认为应交税费，在达到增值税制度规定的免征增值税条件时，将有关应交增值税转入当期损益。

⑨ 抵减税金。

增值税税控系统专用设备和技术维护费用抵减增值税额的账务处理。

按现行增值税制度规定，企业初次购买增值税税控系统专用设备支付的费用以及缴纳的技术维护费允许在增值税应纳税额中全额抵减的，按规定抵减的增值税应纳税额，借记"应交税费——应交增值税（减免税款）"科目（小规模纳税人应借记"应交税费——应交增值税"科目），贷记"管理费用"等科目。

（2）小规模纳税人。

小规模纳税人获取的是增值税普通发票，即使上面有"税额"，也不许抵扣。会计科目涉及三个"应交税费——应交增值税"、"应交税费——转让金融商品应交增值税"和"应交税费——代扣代交增值税"科目。

① 收到存货。

按增值税发票的全额计入存货成本：

借：库存商品（或原材料等）

　　贷：银行存款（或应付账款）

② 销售业务。

下面是正常的销售业务账务：

借：银行存款

　　贷：主营业务收入

　　　　应交税费——应交增值税

下面是视同销售的账务：

借：应付职工薪酬——非货币性福利
　　贷：应交税费——应交增值税

③ 差额业务。

业务发生时：

借：主营业务成本（或存货、工程施工等）
　　贷：银行存款（或应付账款）

待取得合规增值税扣税凭证且纳税义务发生时，

借：应交税费——应交增值税
　　贷：主营业务成本（存货、工程施工等）

④ 交纳税金。

借：应交税费——应交增值税
　　贷：银行存款

6. 纳税方法

小规模纳税人的纳税很简单，每季度 15 日之前申报、缴纳。而一般纳税人增值税的缴纳相对麻烦。

在这里讲讲教材里没有的纳税知识。

（1）相关概念。

① 认证。

认证是指一般纳税人把收到的增值税专用发票，经过国家税务系统辨别真伪的过程。可以自行在网上"增值税发票选择确认平台"认证，也可以到税务机关认证，一般都在月末办理。

认证期是 180 天，从发票的开票日期算起，过期后发票就不能认证，进项税额也不能抵扣了。因此收到增值税发票后要及时认证，否则会给企业造成损失。

② 抄税。

抄税是指一般纳税人把本月开出的增值税发票的数据信息通过税控发票开票软件（税控盘）报给国家税务系统的过程，在纳税期第一次打开防伪系统，就会自动抄税。

③ 报税。

报税是指一般纳税人把需要填报的各类申报表，通过防伪系统申报给国家税务系统的过程。

④ 清卡。

清卡是将企业的发票信息发送给国家税务系统,系统接收到后将发送信息指令(清卡)允许企业下个月继续开票,也就是说只有清卡后才可以开发票。现在只要进入开票系统,系统就会自动完成抄税和清卡。

纳税人在抄报税期内,需要登录增值税发票系统完成抄税清卡操作后才可以申领发票;非抄报税期内,无须进行抄税清卡操作即可申领发票。

随着技术的更新,这些软件也越来越人性化了。

上述工作除了认证,都要在纳税期进行,即每月1~15日,如遇到法定节假日会顺延。逾期只能使用税控盘去主管税务机关抄报。

(2) 纳税流程。

一般纳税人使用防伪税控系统在网上申报纳税,其实就是电子税务局。每个月纳税流程如下:

① 月末认证发票:拿着增值税专用发票的抵扣联到税务机关做认证,或者自己在网上认证;

② 纳税期抄税、清卡:进入开票系统,自动抄税、清卡,然后把增值税发票汇总表、明细表打印出来;

③ 纳税期报税、交税:填报增值税申报表、附表、财务报表,每季度还要填报企业所得税申报表,有需要交纳的税款直接就在网上划款了。

小规模纳税人虽然是按季申报增值税,但是每个月都要在纳税期抄报开票数据并清卡。

增值税是我们国家的大税种,涉及各行各业,作为会计除了账务处理,还要精通纳税的操作,尤其是一般纳税人企业的会计,因为在纳税过程中会遇到很多不可测的问题,所以申报纳税也是考量会计水平的一项技能。

(二) 消费税金

消费税是对生产、委托加工、进口消费品企业征收的流转税,通常只在一个环节征收。

1. 税目税率

因为消费税是针对消费品征收的一种税,税目比较多(见表2-6)。

表 2-6　　　　　　　　　消费税税目税率表

税　目	税　率
一、烟	
1. 卷烟	
（1）甲类卷烟	56% 加 0.003 元/支
（2）乙类卷烟	36% 加 0.003 元/支
（3）批发环节	11% + 0.005 元/支
2. 雪茄烟	36%
3. 烟丝	30%
二、酒及酒精	
1. 白酒	20% 加 0.5 元/500 克（或者 500 毫升）
2. 黄酒	240 元/吨
3. 啤酒	
（1）甲类啤酒	250 元/吨
（2）乙类啤酒	220 元/吨
4. 其他酒	10%
三、高档化妆品	15%
四、贵重首饰及珠宝玉石	
1. 金银首饰、铂金首饰和钻石及钻石饰品	5%
2. 其他贵重首饰和珠宝玉石	10%
五、鞭炮、焰火	15%
六、成品油	
1. 汽油	1.52 元/升
2. 柴油	1.2 元/升
3. 航空煤油	1.2 元/升
4. 石脑油	1.52 元/升
5. 溶剂油	1.52 元/升
6. 润滑油	1.52 元/升
7. 燃料油	1.2 元/升
七、摩托车	
1. 气缸容量在 250 毫升的	3%
2. 气缸容量在 250 毫升不含以上的	10%
八、小汽车	
1. 乘用车	
（1）气缸容量（排气量，下同）在 1.0 升（含 1.0 升）以下的	1%
（2）气缸容量在 1.0 升以上至 1.5 升（含 1.5 升）的	3%
（3）气缸容量在 1.5 升以上至 2.0 升（含 2.0 升）的	5%

续表

税　目	税　率
（4）气缸容量在2.0升以上至2.5升（含2.5升）的	9%
（5）气缸容量在2.5升以上至3.0升（含3.0升）的	12%
（6）气缸容量在3.0升以上至4.0升（含4.0升）的	25%
（7）气缸容量在4.0升以上的	40%
2. 中轻型商用客车	5%
3. 超豪华小汽车	10%
九、高尔夫球及球具	10%
十、高档手表	20%
十一、游艇	10%
十二、木制一次性筷子	5%
十三、实木地板	5%
十四、涂料	4%
十五、电池	4%

2. 计税方法

消费税的征收方法多样，根据消费品的特性，有按价格计算的，有按数量计算的，还有价量混合计算的。比如，卷烟是按数量征收，酒就是按重量征收的，小汽车、实木地板等都是按厂家销售价计税的。

从价定率：

$$应纳税额 = 销售额 \times 比例税率$$

从量定额：

$$应纳税额 = 销售数量 \times 定额税额$$

复合计税：

$$应纳税额 = 销售额 \times 比例税率 + 销售数量 \times 定额税额$$

比如，白酒：销售10 000斤，每斤15元，销售额是150 000元，增值税额25 500元。白酒的市场价每斤25元。

白酒的比例税率是20%，定额税率是0.5元/斤。

应纳税额 = 150 000 × 20% + 10 000 × 0.5 = 35 000（元）

注意：生产消费品的企业既要缴纳消费税，又要缴纳增值税。计算消费税的时候是不含增值税的，两种税要分别计提。

还有，税务总局的《白酒消费税最低计税价格核定管理办法》规定：白酒生产企业销售给销售单位的白酒，生产企业消费税计税价格低于销售单位对外销售价格（不含增值税）70%以下的，税务机关应核定消费税最低计税价格。

这项规定，是为了避免企业通过自己的零售渠道低买高卖，少缴税，多获利。

这项规定老板也许知道，也许不知道。作为会计你要会算这个价格，如果低于70%的标准，就要提醒老板了。

在例题里，白酒的市场价25元是含增值税的，消费税的计税价格是不含增值税的。

不含税的销售价 = 25 ÷ 1.17 = 21.37（元）

不含税的出厂价是15元，两者比例：15 ÷ 21.37 = 70.2%

还好，超过了标准一点点，符合要求。

3. 账务处理

计提的消费税，借记"税金及附加"科目。

（1）计提税金。

① 销售消费品：

借：税金及附加

  贷：应交税费——应交消费税

② 随同消费商品出售并单独计价的包装物：

借：税金及附加

  贷：应交税费——应交消费税

③ 出租/出借包装物逾期未收回没收的押金：

借：税金及附加

  贷：应交税费——应交消费税

④ 自产消费品用于在建工程：

借：在建工程

  贷：库存商品（消费品）

    应交税费——应交消费税

⑤ 委托加工消费品：

受托方代收代缴：

借：应收账款（或银行存款）

　　贷：应交税费——应交消费税

委托方不另计消费税，收回消费品后，把加工费和消费税一并支付给受托方。

借：库存商品（加工费）

　　贷：银行存款（或应付账款）

委托方收回的消费品用于连续生产的，按规定消费税是准予抵扣的：

借：应交税费——应交消费税

　　贷：银行存款（或应付账款）

⑥进口消费品，消费税计入成本：

借：库存商品（或固定资产等）

　　贷：银行存款

（2）缴纳税金。

国内缴纳税金：

借：应交税费——应交消费税

　　贷：银行存款

4. 视同销售

消费税也有视同销售的问题。

将自产自用应税消费品用于生产非应税消费品、在建工程、管理部门、非生产机构、提供劳务、馈赠、赞助、集资、广告、样品、职工福利、奖励等方面，要缴纳消费税。

消费税与增值税的视同销售类似，账务处理也相同。但消费税没有增值税的视同销售范围大。

注意：缴纳增值税、消费税的企业，月末别忘了计提附加税费。

（三）附加税费

附加税费，包括城市维护建设税、教育费附加和地方教育附加。凡是缴纳增值税和消费税的单位和个人，都要以实际缴纳的税额作为计税依据。

1. 城市维护建设税

（1）税率。

区域不同，税率也不同：市区7%，县、镇5%，其他1%。

（2）计税。

$$应纳税额 = (增值税 + 消费税 + 营业税) \times 税率$$

（3）分录。

① 计税时：

借：税金及附加
　　贷：应交税费——应交城市维护建设税

② 交税时：

借：应交税费——应交城市维护建设税
　　贷：银行存款

2. **教育费附加**

（1）税率。

征收率是3%。

（2）计税。

$$应纳税额 = (增值税 + 消费税) \times 征收率$$

（3）分录。

① 计税时：

借：税金及附加
　　贷：应交税费——应交教育费附加

② 交税时：

借：应交税费——应交教育费附加
　　贷：银行存款

3. **地方教育附加**

（1）税率。

征收率是2%。

（2）计税。

$$应纳税额 = (增值税 + 消费税) \times 征收率$$

（3）分录。

① 计税时：

借：税金及附加
　　贷：应交税费——应交地方教育附加

② 交税时：

借：应交税费——应交地方教育附加
　　贷：银行存款

上述三种税费的计提、缴纳应该与流转税同时进行，做记账凭证的时候也在一起。

例如，小规模纳税人本月应交增值税 9 527 元，那么 7% 的城建税是 666.89 元，3% 的教育费附加是 285.81 元，2% 的地方教育费附加是 190.54 元，合计 10 670.24 元。

这 4 个税种都记入"税金及附加"核算，但是"应交税费"要明细核算。

计税时：

借：税金及附加　　　　　　　　　　　　　1 143.24
　　贷：应交税费——应交城市维护建设税　　 666.89
　　　　　　　　——应交教育费附加　　　　 285.81
　　　　　　　　——应交地方教育附加　　　 190.54

交税时：

借：应交税费——应交城市维护建设税　　　　 666.89
　　　　　　——应交教育费附加　　　　　　 285.81
　　　　　　——应交地方教育附加　　　　　 190.54
　　贷：银行存款　　　　　　　　　　　　　1 143.24

因为增值税是国税局征收，附加税费是地税局征收，交税的时间可能不一致，银行转账也是两笔，所以可以分别做记账凭证。

（四）所得税金

企业所得税是对企业生产、经营所得和其他所得依法征收的一种税。

1. 三档税率

现行的所得税税率是 25%，但是小型微利企业可以享受 20% 的税率，申请为高科技企业可以享受 15% 的税率。

高新技术企业要经过税务机关审批，国家有明文规定，这里不说了。小型微利企业，倒是有可能符合的（见表 2-7）。

表 2-7　　　　　　　　　　　小型微利企业标准

类别	应纳税所得额	从业人数	资产总额	备注
工业企业	不超过 30 万元	不超过 100 人	不超过 3 000 万元	非限制和禁止行业
其他企业	不超过 30 万元	不超过 80 人	不超过 1 000 万元	同上

另外，国家还有一项优惠政策：对年应纳税所得额小于等于 3 万元的小型微利企业，其所得减按 50% 计入应纳税所得额，按 20% 的税率缴纳企业所得税。优惠时间截止到 2015 年年底。

作为会计，应该了解国家的税收优惠政策，这也是变相地节税。你多缴税金国家也不领情，反而企业吃亏了，说明会计失职。

2. 计提税金

《小企业会计准则》规定的所得税核算很简单，使用"应付税款法"，一个"所得税费用"科目就搞定了。而《企业会计准则》要求使用"资产负债表债务法"，分别核算当期所得税和递延所得税，还多出两个科目"递延所得税负债"和"递延所得税资产"。

小企业的所得税一般是按季度预缴、年末汇算清缴。

（1）计税公式。

$$季末应交所得税 = 本季度利润 \times 所得税税率$$

$$年末应交所得税 = 应纳税所得额 \times 所得税税率$$

（2）核算方法。

所得税的计算有两种方法：一种是《小企业会计准则》要求的应付税款法，一种是《企业会计准则》要求的资产负债表债务法。小企业使用第一种方法，本期"所得税费用"就是本期"应交所得税"，会计法与税法造成的时间性差异不单独核算。

（3）账务处理。

计税时：

借：所得税费用

　　贷：应交税费——应交所得税

交税时：

借：应交税费——应交所得税

　　贷：银行存款

3. 汇算清缴

前面总提"汇算清缴"这个名词，它到底是什么意思呢？

汇算清缴，是指纳税人自纳税年度终了之日起 5 个月内或实际经营终止之日起 60 日内，依照税收法律、法规、规章及其他有关企业所得税的规定，自行计算本纳税年度应纳税所得额和应纳所得税额，根据月度或季度预缴企业所得税的数额，确定该纳税年度应补或者应退税额，并填写企业所得税年度纳税申报表，向主管税务机关办理企业所得税年度纳税申报、提供税务机关要求提供的有关资料、结清全年企业所得税税款的行为。

简单地说就是企业每个月或者季度根据利润预缴企业所得税，到了年末再根据税法的规定计算出应交所得税，然后进行多退少补的行为。

不过实行核定定额征收企业所得税的不进行汇算清缴。

年末所得税的计算公式：

$$应交所得税 = 应纳税所得额 \times 所得税税率$$

$$应纳税所得额 = 税前会计利润 + 纳税调整增加额 - 纳税调整减少额$$

4. 纳税调整

都知道会计法和税法的口径不一致，会计依据会计准则做的会计账，得出的利润不是税法规定的纳税额，所以到了年末要做纳税调整。

有几个扣除项目要记住了：

按工资总额计算的比例——职工福利费不能超过 14%，职工教育费附加不能超过 2.5%，工会经费不能超过 2%。

按营业收入计算的比例——广告业务宣传费不能超过 15%，招待费的 60% 且不能超过 0.5%。

关于准予扣除的规定，我设计一张表，这样看起来更直观一些（见表 2-8）。

表 2-8　　　　　　　　所得税准予扣除常见项目一览表

扣除项目	税法规定	说　明
成本	销售成本、销货成本、业务支出、其他耗费	
期间费用	销售费用、管理费用、财务费用	
税金	除所得税和可以抵扣的增值税以外所有税金其附加	

续表

扣除项目	税法规定	说　　明
损失	固定资产和存货的盘亏、毁损、报废损失，转让财产损失，呆账损失，坏账损失，自然灾害等不可抗力因素造成的损失	已经作为损失处理的资产，在以后纳税年度又全部收回或者部分收回时，应当计入当期收入
工资薪金	基本工资、奖金、津贴、补贴、年终加薪、加班工资，可以据实扣除	税法要求是合理的，具体的有五条标准
五险一金	基本养老保险费、基本医疗保险费、失业保险费、工伤保险费、生育保险费等基本社会保险费和住房公积金，可以按标准扣除	商业保险不得扣除
借款费用	不需要资本化的	
利息支出	利率不得超过金融企业的标准	
汇兑损失	可以据实扣除	已经计入有关资产成本以及与向所有者进行利润分配相关的部分除外
职工福利费	不超过工资薪金总额14%的部分	
工会经费	不超过工资薪金总额2%的部分	
职工教育经费	不超过工资薪金总额2.5%的部分	超过部分在以后年度可以继续结转扣除
业务招待费	按发生额的60%扣除，但不能超过当年销售收入的5‰	先按60%计算，看是否超过5‰，按两个标准取低者
广告宣传费	不超过当年销售（营业）收入15%的部分	超过部分在以后年度继续结转扣除
公益救济性捐赠	不超过年度利润总额12%的部分	必须是通过公益性社会团体或者县级以上人民政府及其部门捐出的
企业财产保险	据实扣除	
罚款、滞纳金、赞助支出	不得扣除	

此外，在固定资产折旧、无形资产摊销上也有规定。

下列固定资产不得计算折旧扣除：

（1）房屋、建筑物以外未投入使用的固定资产；

（2）以经营租赁方式租入的固定资产；

（3）以融资租赁方式租出的固定资产；

（4）已足额提取折旧仍继续使用的固定资产；

（5）与经营活动无关的固定资产；

（6）单独估价作为固定资产入账的土地；

（7）其他不得计算折旧扣除的固定资产。

下列无形资产不得计算摊销费用扣除：

（1）自行开发的支出已在计算应纳税所得额时扣除的无形资产；

（2）自创商誉；

（3）与经营活动无关的无形资产；

（4）其他不得计算摊销费用扣除的无形资产。

上述有两条重要规定："与经营活动无关"的固定资产或者无形资产，其折旧额或摊销额，要在汇算清缴的时候调整出来。

这里重点说说业务招待费的调整。因为税法规定不能据实报销，而大多数企业都有这项费用，有发生就要做纳税调整。

这部分内容会计教材里没有涉及，我详细讲解一下。

所得税法规定：企业发生的与生产经营活动有关的业务招待费支出，按照发生额的60%扣除，但最高不得超过当年销售（营业）收入的5‰。也就是说只要发生了业务招待费，企业就要负担40%，这笔钱是不可以税前扣除的。

业务招待费不单指餐饮，还包括用于招待的香烟、饮料、食品、娱乐活动的门票、游山玩水的路费等。

例如，企业本年销售收入是 2 560 390 元，本年发生业务招待费 86 200 元。

允许税前扣除60%：86 200×60% = 51 720（元）

最高不得超过5‰：2 560 390×5‰ = 12 801.95（元）

两者取低者，那就是 12 801.95 元。

需要调增应纳税所得额：86 200 - 12 801.95 = 73 398.05（元）

如果年度会计利润是 346 870 元，那么本年度的应纳税所得额就要加上 73 398.05 元，合计 420 268.05 元，按这个金额乘以所得税税率，就是本年度应该缴纳的所得税了。

注意：因为所得税是季度预缴的，所以年末要把已经记入"本年利润"的所得税扣除，也就是在纳税所得税中加上已经扣除的所得税费用，然后再计算年度所得税。最后把预缴的从应交的税金中扣除，少交了补上，多交了可以申请退税，或者在第2年抵缴。

5. 视同销售

流转税中有"视同销售"的问题，所得税也不例外。

比如，企业发生非货币性资产交换，将货物、财产、劳务用于捐赠、偿债、赞助、集资、广告、样品、职工福利或者利润分配等用途的，应当视同销售货物、转让财产或者提供劳务。

（1）确认收入。

企业将资产移送他人，因资产所有权属已发生改变，所以要确定收入，比如：

①用于市场推广或销售；②用于交际应酬；③用于职工奖励或福利；④用于股息分配；⑤用于对外捐赠；⑥其他改变资产所有权属的用途。

（2）不确认收入。

企业处置资产，因为所有权属在形式和实质上均不发生改变，属于内部处置，所以不用确认收入，比如：

①将资产用于生产、制造、加工另一产品；②改变资产形状、结构或性能；③改变资产用途（如：自建商品房转为自用或经营）；④将资产在总机构及其分支机构之间转移；⑤上述两种或两种以上情形的混合；⑥其他不改变资产所有权属的用途。

是否确认收入，主要看"资产所有权属是否改变"，不改变的不视同销售，改变的就视同销售。换句话说：内部处置的不算收入，移交到外部了就算收入。

关于收入价格的确定：属于企业自制的资产，应按企业同类资产同期对外销售价格确定销售收入；属于外购的资产，可按购入时的价格确定销售收入。

6. 加计扣除

所得税法有一些税收优惠政策，其中一条是加计扣除，年末汇算清缴的时候可以利用。

可以加计扣除的项目：

（1）新产品设计费、新工艺规程制定费以及与研发活动直接相关的技术图书资料费、资料翻译费。

（2）从事研发活动直接消耗的材料、燃料和动力费用。

（3）在职直接从事研发活动人员的工资、薪金、奖金、津贴、补贴。

（4）专门用于研发活动的仪器、设备的折旧费或租赁费。

（5）专门用于研发活动的软件、专利权、非专利技术等无形资产的摊销费用。

（6）专门用于中间试验和产品试制的模具、工艺装备开发及制造费。

（7）勘探开发技术的现场试验费。

（8）研发成果的论证、评审、验收费用。

例如，实际发生研发费用100万元形成的无形资产，可以在计算所得税之前，按150%的比例扣除。已经记入"管理费用"未形成无形资产的，允许再按其当年研发费用实际发生额的50%，直接抵扣当年的应纳税所得额。

对于有加计扣除项目的企业，要实行专账管理。形成费用或成本后，企业要自行申报，税务机关批准后才可以做账处理。

关于所得税的内容，建议你找来《企业所得税法》和《企业所得税实施条例》好好学习，根据企业涉及的内容列出来，年末的时候做纳税调整，不然被税务机关查出来，不但要补税，还要接受罚款，当会计的多没面子啊。

（五）其他税种

上述税种都是企业常用的，此外还有一些能涉及到的税种。

1. 房产税

房产税是对房屋产权所有人征收的一种税，如果企业有房屋做经商用或者出租了，就要纳税。

（1）计税。

有两种情况：

一是自己拥有房屋产权的，房产税按房屋原值的70%～90%计税，税率是1.2%。

年应纳税额 = 房产原值 × (1 - 30%) × 1.2%

二是将房屋出租的，房产税按租金收入的12%计税。

年应纳税额 = 年租金收入 × 12%

（2）分录。

① 计税时：

借：税金及附加

贷：应交税费——应交房产税

② 交税时：

借：应交税费——应交房产税

　　贷：银行存款

2. 城镇土地使用税

城镇土地使用税是以占用的土地面积为计税依据，按照当地政府确定的税额计算征收。一般以城市的规模和区域定价，大城市税费高，在城市的中心地段最贵，每平方米几元到十几元不等。对单独建造的地下建筑用地，暂按应征税款的50%征收城镇土地使用税。

（1）计税。

$$应交城镇土地使用税 = 应税土地面积 \times 单位税额$$

（2）分录。

① 计税时：

借：税金及附加

　　贷：应交税费——应交城镇土地使用税

② 交税时：

借：应交税费——应交城镇土地使用税

　　贷：银行存款

因为房产税与城镇土地使用税几乎同时按年缴纳，又同属一个科目，所以这两套分录可以在一起做。

3. 车船税

车船税是对车辆、船舶征收的，每年在投保交强险时缴纳。

车船税有减免税政策，下列车船免征车船税：

（1）捕捞、养殖渔船；

（2）军队、武装警察部队专用的车船；

（3）警用车船；

（4）依照法律规定应当予以免税的外国驻华使领馆、国际组织驻华代表机构及其有关人员的车船。

有车的企业，尤其是在运输行业，每年都要缴纳车船税。座位、吨位不同，税额也不同（见表2-9）。

表 2-9　　　　　　　　　　车船税税目税额表

税　目		计税单位	年基准税额	备　注
乘用车[按发动机气缸容量（排气量）分档]	1.0升（含）以下的	每辆	60～360元	核定载客人数9人（含）以下
	1.0升以上至1.6升（含）的		300～540元	
	1.6升以上至2.0升（含）的		360～660元	
	2.0升以上至2.5升（含）的		660～1 200元	
	2.5升以上至3.0升（含）的		1 200～2 400元	
	3.0升以上至4.0升（含）的		2 400～3 600元	
	4.0升以上的		3 600～5 400元	
商用车	客车	每辆	480～1 440元	核定载客人数9人以上，包括电车
	货车	整备质量每吨	16～120元	包括半挂牵引车、三轮汽车和低速载货汽车等
挂车		整备质量每吨	按照货车税额的50%计算	
其他车辆	专用作业车	整备质量每吨	16～120元	不包括拖拉机
	轮式专用机械车		16～120元	
摩托车		每辆	36～180元	
船舶	机动船舶	净吨位每吨	3～6元	拖船、非机动驳船分别按照机动船舶税额的50%计算
	游艇	艇身长度每米	600～2 000元	

分录：

① 计税时：

借：税金及附加

　　贷：应交税费——应交车船税

② 交税时：

借：应交税费——应交车船税

　　贷：银行存款

4. 印花税

印花税是对经济合同、产权转移书据、营业账簿、权利、许可证照等征收的，是企业税负最低的税种，也是必交的税种。比如，会计的账簿，每本5元。

（1）计税。

印花税的金额不多，有比例税率和定额税率（见表2–10）。

表2–10　　　　　　　　　印花税税率表

税　目	比例税率	税　目	比例税率
财产租赁合同	1‰	货物运输合同	0.5‰
仓储保管合同	1‰	产权转移书据	0.5‰
加工承揽合同	0.5‰	营业账簿中记载资金的账簿	0.5‰
建设工程勘察设计合同	0.5‰	购销合同	0.3‰
建筑安装工程承包合同	0.3‰	财产保险合同	1‰
技术合同	0.3‰	营业账簿中的其他账簿	5元
借款合同	0.05‰	权利许可证照	5元

其中，"营业账簿中记载资金的账簿"指的是记载"实收资本"和"资本公积"的账簿，印花税是按两项总金额的0.5‰一次性缴纳。增资后再计算增资部分的印花税，减资估计不给退。

使用财务软件的，可以在账簿打印成册后再购买印花税票。

（2）分录。

借：税金及附加

　　贷：银行存款

与上述税种不同的是，印花税不通过"应交税费"科目，缴纳时直接借记"税金及附加"科目，贷记"银行存款"科目。

5. 资源税

企业在开采矿产品或者生产盐时，要缴纳资源税。包括原油、天然气、煤炭、其他非金属矿原矿、黑色金属矿原矿、有色金属矿原矿、盐。

（1）计税。

铁矿、金矿、铜矿、铝土矿、铅锌矿、镍矿、锡矿、石墨、硅藻土、高岭土、萤石、石灰石、硫铁矿、磷矿、氯化钾、硫酸钾、井矿盐、湖盐、提取地下卤水晒制的盐、煤层（成）气、海盐。实行从价计征。对经营分散、多为现金交易且难以控管的黏土、砂石，实行从量定额计征。

下面是资源税税目税率幅度表，见表2-11。

表2-11　　　　　　　　资源税税目税率幅度表

序号	税目		征税对象	税率幅度
1	金属矿	铁矿	精矿	1%～6%
2		金矿	金锭	1%～4%
3		铜矿	精矿	2%～8%
4		铝土矿	原矿	3%～9%
5		铅锌矿	精矿	2%～6%
6		镍矿	精矿	2%～6%
7		锡矿	精矿	2%～6%
8		未列举名称的其他金属矿产品	原矿或精矿	税率不超过20%
9	非金属矿	石墨	精矿	3%～10%
10		硅藻土	精矿	1%～6%
11		高岭土	原矿	1%～6%
12		萤石	精矿	1%～6%
13		石灰石	原矿	1%～6%
14		硫铁矿	精矿	1%～6%
15		磷矿	原矿	3%～8%
16		氯化钾	精矿	3%～8%
17		硫酸钾	精矿	6%～12%
18		井矿盐	氯化钠初级产品	1%～6%
19		湖盐	氯化钠初级产品	1%～6%
20		提取地下卤水晒制的盐	氯化钠初级产品	3%～15%
21		煤层（成）气	原矿	1%～2%
22		黏土、砂石	原矿	每吨或每立方米0.1～5元
23		未列举名称的其他非金属矿产品	原矿或精矿	从量税率每吨或每立方米不超过30元；从价税率不超过20%
24	海盐		氯化钠初级产品	1%～5%

备注：

1. 铝土矿包括耐火级矾土、研磨级矾土等高铝黏土。
2. 氯化钠初级产品是指井矿盐、湖盐原盐、提取地下卤水晒制的盐和海盐原盐，包括固体和液体形态的初级产品。
3. 海盐是指海水晒制的盐，不包括提取地下卤水晒制的盐。

（2）分录。

① 销售商品时：

借：税金及附加

　　贷：应交税费——应交资源税

② 自产自用时：

借：生产成本

　　贷：应交税费——应交资源税

③ 收购未税矿产品：

借：原材料（或在途物资、材料采购）

　　贷：银行存款

　　　　应交税费——应交资源税

④ 外购液体盐加工固体盐：

购入液体盐时：

借：应交税费——应交资源税

　　原材料（或在途物资、材料采购）

　　　贷：银行存款（或应付账款）

加工后销售时：

借：税金及附加

　　贷：应交税费——应交资源税

⑤ 缴纳资源税。

借：应交税费——应交资源税

　　贷：银行存款

6. 土地增值税

土地增值税是对转让土地以及地上建筑物的增值额征收的。

（1）计税。

土地增值税的征收方式有两种：一种是核定征收的，另一种是按 4 级超率累进税率。

4 级超额累进税率是这样的：

① 增值额未超过扣除项目金额 50% 部分，税率为 30%；

② 增值额超过扣除项目金额 50%，未超过扣除项目金额 100% 的部分，税率为 40%；速算扣除系数为 5%；

③ 增值额超过扣除项目金额 100%，未超过扣除项目金额 200% 的部分，税率为 50%；速算扣除系数为 15%；

④ 增值额超过扣除项目金额 200% 的部分，税率为 60%；速算扣除系数为 35%。例如，增值额未超过 50% 的部分，税率为 30%，增值额超过 200% 的部分，税率为 60%。

$$应纳土地增值税 = 增值额 \times 税率$$

（2）扣除项目。

土地的增值额是指转让房地产所取得的收入减除扣除项目金额后的余额，其法定的扣除项目包括：

① 取得土地使用权所支付的金额；

② 开发土地的成本、费用；

③ 新建房及配套设施的成本、费用，或者旧房及建筑物的评估价格；

④ 与转让房地产有关的税金；

⑤ 财政部规定的其他扣除项目。

（3）分录。

① 转让建筑物时：

借：固定资产清理（土地使用权与建筑物合并核算的）

　　贷：应交税费——应交土地增值税

因为建筑物属于固定资产，转让的处理都记入"固定资产清理"科目。

② 转让单独核算的土地使用权时：

实收额大于账面价值的：

借：银行存款（实收金额）

　　累计摊销（账面金额）

　　贷：应交税费——应交土地增值税

　　　　无形资产（账面金额）

　　　　营业外收入——非流动资产处置净收益（差额）

实收额小于账面价值的：

借：银行存款（实收金额）

　　累计摊销（账面金额）

　　营业外支出——非流动资产处置净损失（差额）

　　贷：应交税费——应交土地增值税

无形资产（账面金额）

③ 房地产企业销售房地产时：

借：税金及附加

　　贷：银行存款

④ 缴纳土地增值税：

借：应交税费——应交土地增值税

　　贷：银行存款

7. 个人所得税

个人所得税是对工资薪金、劳务报酬、稿酬、利息、股息、红利等各项所得征收的，一般由支付所得的单位和个人代扣代缴。

（1）计税。

目前，个人所得税是起征点是 3 500 元。

因为按国家规定缴纳的"五险一金"可以在税前扣除，所以职工的工资扣除"五险一金"后再减去 3 500 元，剩余的金额按 3%～45% 的 7 级超额累进税率计算（见表 2 - 12）。

表 2 - 12　　　　　　　7 级超额累进税率

级　数	全月应纳税所得额	税率（%）	速算扣除数（元）
1	全月应纳税额不超过 1 500 元	3	0
2	全月应纳税额超过 1 500 元至 4 500 元	10	105
3	全月应纳税额超过 4 500 元至 9 000 元	20	555
4	全月应纳税额超过 9 000 元至 35 000 元	25	1 005
5	全月应纳税额超过 35 000 元至 55 000 元	30	2 755
6	全月应纳税额超过 55 000 元至 80 000 元	35	5 505
7	全月应纳税额超过 80 000 元	45	13 505

有件事我要说明一下：年所得 12 万元以上的，要在纳税年度终了后 3 个月内，填写《个人所得税纳税申报表（适用于年所得 12 万元以上的纳税人申报）》，向主管税务机关办理纳税申报。如果发现有漏报、瞒报的，也算偷税。

还有，年底给投资者分红，要缴纳 20% 的个人所得税。

说到这里，有一件事不要忽视了。

财政部与税务总局曾先后联合颁布了《关于个人股东取得公司债权债务形式的股份分红计征个人所得税问题的批复》和《关于企业为个人购买房屋或其他财产征收个人所得税问题的批复》，明确规定下列情形要交纳个人所得税：

① 企业出资购买房屋及其他财产，将所有权登记为投资者个人、投资者家庭成员或企业其他人员的；

② 企业投资者个人、投资者家庭成员或企业其他人员向企业借款用于购买房屋及其他财产，将所有权登记为投资者、投资者家庭成员或企业其他人员，且借款年度终了后未归还借款的；

③ 对个人独资企业、合伙企业的个人投资者或其家庭成员取得的上述所得，视为企业对个人投资者的利润分配，按照"个体工商户的生产、经营所得"项目计征个人所得税；对除个人独资企业、合伙企业以外其他企业的个人投资者或其家庭成员取得的上述所得，视为企业对个人投资者的红利分配，按照"利息、股息、红利所得"项目计征个人所得税；对企业其他人员取得的上述所得，按照"工资、薪金所得"项目计征个人所得税。

企业成立时，有些企业的注册资金是代理公司垫付的，或者是借来的，验资后便抽走了，会计习惯上都借记"其他应收款"科目。不管挂的是老板还是员工，到了年末不还，都视为分红。这一点会计有责任提醒企业管理者，不然他们不知道这项政策，等到税务机关查出来要征收个税的时候就来不及了。

最近，国税局、财政部又先后出台了相关政策，一个是《关于雇主为雇员承担全年一次性奖金部分税款有关个人所得税计算方法问题的公告》，一个是《关于企业促销展业赠送礼品有关个人所得税问题的通知》。你可以找来看看，涉及的个税，企业都有代扣代缴的业务。

有人说会计难学，其实这个"难"体现的是政策变幻莫测，不容易把握。相关管理部门三天两头地出通告、发通知，考验会计的注意力，稍留神就有违规嫌疑，大意不得。

（2）分录。

① 计税时：

借：应付职工薪酬

贷：应交税费——应交个人所得税

② 交税时：

借：应交税费——应交个人所得税

贷：银行存款

此外还有堤围防护建设费，也有叫堤围费或防洪费的，还有价格调节基金，还有排污费，这些都属于地方收费，在账务上借记"税金及附加"科目，贷记"应交税费"科目。

还有一点需要说明：小企业按照规定实行企业所得税、增值税、消费税等先征后返的，应当在实际收到返还的企业所得税、增值税（不含出口退税）、消费税等时，借记"银行存款"科目，贷记"营业外收入"科目。

常用税金就这些，在实际工作中应用几次就熟悉了。

关于税金的核算占了这么大的篇幅。意犹未尽，我顺便再归纳一下。

不管什么行业，三种流转税——增值税、消费税、关税，企业至少要缴纳一种。

所有缴纳流转税的企业，都要缴纳城市维护建设税和教育费附加。

所有的企业到了年底，只要有纳税所得，就要交企业所得税。

所有的企业都要缴纳印花税。

有房屋产权的企业要缴纳房产税、城镇土地使用税。

有车辆的企业要缴纳车船税。

关于税金我再说一句。管理者都希望会计能为企业节税。合理节税当然好，千万不能为了节税而变相偷税，损失的不仅仅是国家税收，还可能吊销你的会计证书，严重的吊销企业的营业执照，再严重的……我就不说了，自己往下猜。

五、应付利润

企业决定给投资者支付的但未付的利润，叫"应付利润"。

（一）应付金额

应付利润不用你计算，董事会决定分配多少你就做多少，会计没有决策权也没有发言权，原则上是有利润的情况下才可以分，你所做的就是提供可供分配的数据。

我教会计的时候，有个学员问我，他们老板说要分红，问我怎么做记账凭证。

我告诉完又跟她闲聊了几句，我问："你们每年都分利润吗？"

她说今年才当会计的，不过看以前的账好像没有。然后她又加了一句："现在账户钱多，前几天刚收了一笔。"

我听出点儿问题了，问："账面利润是多少啊？"

她说："从我接手就没交过所得税。"

我明白了："是因为亏损吧？"

她说："是啊。"

我又问："去年的未分配利润里有余额吗？"

她说："去年也是借方余额，因为我填表的时候都是负数。"

我问："亏损怎么还能分红啊？"

她的回答也代表了老板的理解："银行里有钱啊。"

我想乐，又怕伤了女生的自尊心。

我跟她讲，这是两个概念，专业点说，这是不同的科目。有钱不一定代表企业有利润，企业有利润银行账户不一定有钱。如果你没懂这句话的意思，说明你还没真正理解会计的平衡公式。

我顺便在课堂上讲了下面的内容，也借机复习一下。

$$资产 = 负债 + 所有者权益$$

钱是资产，利润是所有者权益，等号中间还有一个负债，它的多少，决定了利润与资产的比例。

假如企业的总资产有500万元（其中存款是100万元），有负债600万元，那么利润就是 –100万元，这叫"资不抵债"，有钱没利润，就不能分红。总不能把借来的钱分了吧。相反地，如果资产是500万元（其中有存款100万元），负债200元，利润是300万元，企业准备给股东分配150万元的利润，虽然账上的存款不够，但是可以挂账，这时候"应付利润"就派上用场了。

现在明白了吧？

那个女生点点头。你点头了吗？

这里只讲应付利润的核算，具体怎么算的，在"利润分配"里有讲解。

如果你着急看，就到239页去找吧。

（二）账务处理

应付利润与应付账款相似，发生时记贷方，支付后记借方，都要按户名做明细核算。不同的是：前者是应该付给投资者的利润，叫分红；后者是应该付给债权人的货款，叫还款。

1. 利润计提时

借：利润分配——应付利润
　　贷：应付利润——某投资者

因为分红是从利润里分出来的，所以要借记"利润分配"科目。

2. 支付利润时

借：应付利润——某投资者
　　贷：银行存款（或库存现金）

六、其他应付

流动负债里还有一个"其他应付款"科目。

（一）核算内容

其他各项应付、暂收的款项，如应付租入固定资产和包装物的租金、存入保证金等。按照其他应付款的项目和对方单位（或个人）进行明细核算的。

（二）账务处理

1. 发生其他各种应付、暂收款项时

借：管理费用
　　贷：其他应付款

2. 支付其他各种应付、暂收款项时

借：其他应付款
　　贷：银行存款（或库存现金）

3. 有无法支付的其他应付款

借：其他应付款

贷：营业外收入

七、递延收益

递延收益核算的是企业已收到、应在以后期间计入当期损益的政府补助，要按相关项目进行明细核算。

你可能糊涂了，递延收益，怎么看都像是收入类科目，怎么混进负债的队伍里了？

我第一次认识这个科目的时候也怀疑过，当我了解了账务处理就不难理解了。递延收益，就是延缓收益，确认后再转出去。

（一）取得收益

1. 收到政府补助时

借：银行存款

　　贷：递延收益

2. 收到用于补偿已发生的相关费用或亏损时

借：银行存款

　　贷：主营业务收入

（二）分配收益

在相关资产的使用寿命内平均分配递延收益，或者在发生相关费用或亏损的未来期间，按照应补偿的金额：

借：递延收益

　　贷：营业外收入

八、长期借款

1年以内的各项借款是短期借款，1年以上的借款叫长期借款。两种借款都是按贷款人和贷款种类进行明细核算的。

（一）取得核算

借款时：

借：银行存款

  贷：长期借款

（二）计算利息

月末，将利息分配到借款的使用对象中。

1. 计息时

借：财务费用（或在建工程）

  贷：应付利息

2. 付息时

借：应付利息

  贷：银行存款

（三）偿还借款

借款到期还款时：

借：长期借款

  贷：银行存款

负债的知识基本就这些了。休息一下，听我讲故事。

以前我给私企当会计的时候，老板买了一辆小轿车，把发票拿给我。我一看是老板的名字，按规定，发票上不是公司的名称不能入公司的固定资产账，可是不入账又觉得有点儿亏。

于是我建议：想名正言顺地把车入账管理，报销所有的费用，一是过户，二是让与公司签租车协议。

老板听了有些后悔，说还不如当初以公司的名义买了。

他想了想说，过户还得花钱，算我租给公司吧。

我告诉他，签合同后你要去税务局代开租赁发票，要缴纳税金。而且汽车的费用不能全部报销，因为不属于固定资产不能计提折旧，还不如过户呢。

老板一听，说，既然车都买了，不差那点汽油费了，就算是报销也是我掏腰包。

我跟他解释：车落到公司的账上后，所有的费用都可以在税前扣除。

老板没吃我这套，再不理这茬儿了。

现在想想，可能老板没听懂我说的意思，又不好意思说不懂。

说实话我也没有尽到做会计的责任，当时我应该坚持跟他讲清楚过户的好处。

就以这件事为例，我们算笔账。

汽车30万元，运输工具的最低折旧年限是4年。

4年里，车险费、汽油费、修理费等大约15万元，加上折旧费算42万元。如果落在账上，就可以在税前扣除42万元，也就是说能少缴10万元（42×25%）的所得税，金额不小吧。

都说会计在企业创造不出利润，你说这算不算利润呢？

会计是否有价值完全取决于自己：一要自身本事大，二要懂得发挥。

要领三 权益核算

所有者权益是指资产扣除负债后由所有者享有的剩余权益，也叫净资产。这里的所有者就是投资者，他们的权益包括实收资本（或股本）、资本公积、盈余公积和未分配利润。

权益核算：增加记贷方，减少记借方。

一、实收资本

有限责任公司的投资者投入的资本叫"实收资本"，股份有限公司的投资者投入的资本叫"股本"。

在我国，实收资本就是注册资金，企业除了在工商部门办理了增加或减少注册资本的，平时实收资本不得随意变动。

（一）增加核算

企业成立或者经营期间，投资者对企业的投资、资本公积转增资本、盈余公积转增资本，都能使实收资本增加。实收资本要按投资者在注册资本中所占份额进行明细核算，因为涉及利润分配的问题。

1. 接受货币投资

借：银行存款（或其他应收款）

贷：实收资本——投资者

2. 接受非货币投资

　　借：银行存款（或其他应收款）
　　　　固定资产（或无形资产、存货）
　　贷：实收资本——投资者

《公司法》规定，有限责任公司以实物、知识产权、土地使用权投资的，货币现金投资额不得低于注册资本的30%，非货币性资产要进行评估后验资。

《公司法》还规定，注册资金可以按照规定的比例分两年缴足，没有收到的资金借记"其他应收款"科目。

3. 转增资本

企业的资本公积和盈余公积，都可以转增资本。

　　借：资本公积（或盈余公积）
　　　　贷：实收资本——投资者

（二）减少核算

在经营过程中，有投资者撤资的，要到工商局办理减资手续。

　　借：实收资本
　　　　贷：银行存款

二、资本公积

一般情况下，企业投资者的出资额超过其在注册资本中所占份额的部分，叫资本溢价，贷记资本公积；用资本公积转增资本时，借记资本公积，也叫冲减资本公积。

（一）资本溢价

投资者投入的资本多出注册资本的差额：

　　借：银行存款（或固定资产等）
　　　　贷：实收资本（注册资本）
　　　　　　资本公积（溢价）

（二）转增资本

经投资者决议，用资本公积转增资本时：

借：资本公积

　　贷：实收资本——投资者

三、盈余公积

盈余公积分"法定盈余公积"和"任意盈余公积"，是企业的积累。

（一）增加核算

《公司法》规定，公司制的企业，应按当年税后利润提取10%的法定公积金，累计额达到注册资金的50%时可以不再提取。而任意盈余公积由企业的股东大会决定提取比例。如果以前年度有亏损额，要用补亏后的利润提取。

提取时：

借：利润分配——提取法定盈余公积

　　　　　　——提取任意盈余公积

　　贷：盈余公积——法定盈余公积

　　　　　　　——任意盈余公积

（二）减少核算

1. 弥补亏损

借：盈余公积

　　贷：利润分配——盈余公积补亏

2. 转增资本

借：盈余公积

　　贷：实收资本——投资者

四、本年利润

利润，是企业的经营成果，包括营业利润、利润总额和净利润。在利润表上看得最清楚。

企业在当期发生的盈亏情况，都在"本年利润"科目里核算。本年利润的贷方余额是盈利，借方余额是亏损。

每个月的利润结转只有两步：结转收入类科目余额，结转费用类科目余额。

（一）收益结转

收益结转，就是把收入类的科目余额全部结转到"本年利润"科目的贷方。

借：主营业务收入

其他业务收入

投资收益（贷方余额）

营业外收入

贷：本年利润

（二）费用结转

费用结转，就是把费用类的科目余额全部结转到"本年利润"科目的借方。

借：本年利润

贷：主营业务成本

其他业务成本

税金及附加

销售费用

管理费用

财务费用

营业外支出

投资收益（借方余额）

结转后再看"本年利润"科目余额，如果在贷方就是净利润，如果在借方就是净亏损。

有人反映，到了月末也知道结转利润，可是记不住都转什么科目。

在这里我教你一个诀窍：平时把损益类的科目记在一张纸上，就是把上面那两套分录抄下来，每天看上几遍。经过两个月的结转，你就熟知了。不信你试试。

（三）所得税费

企业所得税是每季根据"本年利润"的贷方余额计提并预缴的，计提后再结转到本年利润。

1. 计提税金时

借：所得税费用

　　贷：应交税费——应交所得税

2. 结转税金时

借：本年利润

　　贷：所得税费用

这是月末或季末的业务，到了下月初，还要缴纳所得税，分录你应该会做的，就不重复了。

（四）年末结转

到了年末，不管"本年利润"科目是借方的亏损额，还是贷方的盈利额，都要全部结转到"利润分配——未分配利润"二级科目里。

1. 结转借方余额时

借：利润分配——未分配利润

　　贷：本年利润

2. 结转贷方余额时

借：本年利润

　　贷：利润分配——未分配利润

五、利润分配

年末结转了"本年利润"后，"利润分配——未分配利润"里的余额，可能是借方，也可能是贷方。借方就不用管了，贷方就是可供分配的利润。

（一）明细科目

"利润分配"科目有 5 个明细科目，它们是：提取法定盈余公积、提取任意盈余公积、应付利润、盈余公积补亏、未分配利润。

前 3 个明细科目发生时用借方，"盈余公积补亏"是贷方，然后前 4 个明细科目都要转到最后那个"未分配利润"明细科目里。

（二）分配顺序

利润的分配顺序不能随心所欲，要严格按照顺序分配：

①提取法定盈余公积：按当年税后利润提取 10% 的；②提取任意盈余公积：经股东会或其他企业类似权力机构批准，按适当比例提取；③向投资者分配利润：根据股东大会或类似机构审议批准的利润分配方案确定可分配的利润。

如果企业决定用盈余公积补亏，还可以继续分配。

（三）账务处理

先提取，再分配，后结转。

1. 提取盈余公积

   借：利润分配——提取法定盈余公积
   　　　　　　——提取任意盈余公积
   　　贷：盈余公积——法定盈余公积
   　　　　　　　——任意盈余公积

2. 向投资者分配利润

   借：利润分配——应付利润
   　　贷：应付利润——某投资者

3. 用盈余公积补亏

   借：盈余公积
   　　贷：利润分配——盈余公积补亏

4. 结转未分配利润

   借：利润分配——未分配利润
   　　贷：利润分配——提取法定盈余公积
   　　　　　　　——提取任意盈余公积
   　　　　　　　——应付利润

记账后再看"利润分配——未分配利润"科目余额，借贷方相抵后，剩余的留作第二年再分配，这就是留存收益。

上面我们说的只是顺序，有了净利润必须提取公积金，后面的业务企业自己做主。

因为这类业务到年底才会出现，所以平时多做几次练习，自然就记住了，也利于考试。

要领四　成本核算

行业会计的区别，就是成本核算的区别。行业不同，成本的科目也不同。工业的成本科目是"生产成本"，建筑业的成本科目是"工程施工"，服务业的成本科目是"劳务成本"。

成本核算，基础数据一定要准确。车间的统计数据、保管员的出入库数据完整了，会计核算的成本才真实。有句话叫"巧妇难为无米之炊"，在这里最适用了。

成本核算：增加记借方，减少记贷方。

一、生产成本

生产成本核算的是工业性生产发生的各项生产成本，一般有"基本生产成本"和"辅助生产成本"两个明细科目，这两个二级科目下面还分别有成本项目。

如果企业有辅助车间的，在"生产成本"科目下设置"基本生产成本"和"辅助生产成本"；如果没有辅助车间的，就不必设置"辅助生产成本"；如果辅助车间多的，可以把这两个二级科目上升为一级科目；如果企业不大，或产品单一，可以把"生产成本"与"制造费用"合并为"生产费用"。

你看，会计科目也不是一成不变的，它既然是为企业服务的，就要随着企业的情况随机应变。

以工业成本科目为例（见表2-13）：

表 2-13　　　　　　　　　　成本科目分级表

成本核算	成本科目	明细科目	核算内容
生产费用	生产成本	基本生产成本	直接材料
			直接人工
		辅助生产成本	燃料、动力、工资、折旧费及修理费
	制造费用	工资、折旧费、水电费、办公费、机物料消耗、劳动保护等	为生产产品发生的间接费用，月末分配到"生产成本"科目

成本的核算，一定要与期间费用区分开，这样的成本才真实。

就像账务处理有程序一样，成本的核算也有程序：

1. 归集成本

把发生的直接成本借记"生产成本"，把间接成本借记"制造费用"。

2. 分配成本

把"制造费用"和"辅助生产成本"按一定的方法分配到"生产成本"里。

3. 结转成本

把"生产成本"在产成品和未完工产品之间分配后，结转出"库存商品"。

（一）计算方法

企业根据产品的特征，选择合适的核算方法，有的按批次，有的按品种，有的按步骤，具体如下（见表 2-14）。

表 2-14　　　　　　　　　　成本计算方法对比表

方　　法	核算对象	适用范围	特　　点
品种法	产品的品种	单步骤、大量生产的企业：制砖、玻璃、水泥、供水、发电、采掘等	月末定期将产品在完工产品和在产品之间进行分配
分批法	产品的批别	单件、小批量生产的企业：电梯、精密仪器、服装、重型机械、专用设备、造船等	产品完成不定期，不存在在完工产品和在产品之间的分配

续表

方　法	核算对象	适用范围	特　点
分步法	生产的步骤	大量、大批的需要连续生产的多步骤企业：电子电器、纺织、冶金、机械制造等	先按品种法计算成本，再算该产品多步骤成本
分类法	产品的类别	品种、型号、规格都多的企业：食品、灯泡等	划分类别，分别核算，不能单独使用一种方法

一般的企业按品种计算生产成本的比较多，每一种产品的成本都是由料工费组成的。

(二) 成本组成

生产成本包括料工费，"料"就是直接材料，"工"就是人工费，"费"就是间接的制造费用。这些就是成本项目，也是生产成本的明细科目。

1. 直接材料

直接材料包括生产制造产品耗用的原材料、辅助材料、配件物品、包装物等。

有的产品多，一次性耗用原料后要分配到各个产品中，公式是这样的：

分配指标：产品重量、耗用的原材料、生产工时等。

$$材料分配率 = 材料耗用总额 \div 分配指标$$

$$某种产品应负担的材料费 = 该产品的指标 \times 材料分配率$$

燃料、动力费采用同样的分配方法。

【例 2-1】本月领用原材料 1 202 公斤，每公斤 36 元。生产出甲产品 150 件，总重量 830 公斤，乙产品 46 件，总重量 591 公斤。分配材料费。

材料耗用总额 = 1 202 × 36 = 43 272（元）

材料分配率 = 43 272 ÷（830 + 591）= 30.452

甲产品应负担的材料费 = 830 × 30.452 = 25 275（元）

乙产品应负担的材料费 = 591 × 30.452 = 17 997（元）

因为分配率的小数四舍五入后会有出入，所以计算的材料要验算一下，消除差额，这样总金额才能准确。

做分录：

借：生产成本——基本生产成本（甲产品）　　　25 275

　　　　——基本生产成本（乙产品）　　　17 997
　　贷：原材料——明细　　　　　　　　　　　　43 272

2. 直接人工

直接人工，包括生产产品的一线工人的工资、社会保险费和福利费。

有的多种产品是由一批生产工人制作的，为了给产品分配人工费，也要采取一定的计算公式。

一般是按工时或者定额工时进行分配工资费用。

　　　　工资分配率 = 生产工资总额 ÷ 各产品工时之和

　　　　某种产品应分配的工资 = 该产品生产工时 × 工资分配率

【例 2 - 2】 本月生产工人工资 51 800 元。生产甲产品的工时是 325 个小时，生产乙产品的工时是 270 个小时，分配工资。

　　工资分配率 = 51 800 ÷（325 + 270）= 87.059

　　产品应分配的工资 = 325 × 87.059 = 28 294.17（元）

　　产品应分配的工资 = 270 × 87.059 = 23 505.83（元）

做分录：

　　借：生产成本——基本生产成本（甲产品）　　28 294.17
　　　　　　——基本生产成本（乙产品）　　　　23 505.83
　　　　贷：应付职工薪酬——工资　　　　　　　　　　51 800.00

3. 燃料和动力

直接用于生产产品的外购或者自制的煤电等。

这里也有需要分配的情况，方法如同原材料，不举例了。

4. 制造费用

生产成本里的是制造费用，是"制造费用"科目的结转。后面单独讲解。

（三）账务处理

成本的账务处理要按程序进行：

1. 发生的各项直接生产费用

　　借：生产成本——基本生产成本
　　　　　　——辅助生产成本
　　　　贷：银行存款（或库存现金、应付职工薪酬、原材料等）

2. 发生的间接费用

借：制造费用

　　贷：银行存款（或累计折旧、应付职工薪酬等）

3. 把辅助生产车间费用分配到受益部门

借：生产成本——基本生产成本

　　制造费用（或管理费用、销售费用、在建工程）

　　贷：生产成本——辅助生产成本

4. 月末，把"制造费用"分配到"生产成本"

借：生产成本——基本生产成本

　　贷：制造费用

5. 月末，产成品验收入库后结转"生产成本"

借：库存商品——某产品

　　贷：生产成本——基本生产成本

上述分录的顺序不能颠倒，每个月都用得着。

二、制造费用

上面讲到了"制造费用"科目，平时把发生的间接费用归集起来，到了月末分配到"生产成本"科目中。

（一）费用发生

车间管理人员的工资、社会保险费、福利费，还有设备的折旧费、车间办公费、照明费、水电费、停工损失等。

1. 生产车间领用机物料消耗

借：制造费用——机物料

　　贷：原材料

2. 支付固定资产修理费

借：制造费用——修理费

　　贷：银行存款

3. 车间管理人员的工资等

借：制造费用——工资

贷：应付职工薪酬

4. 生产车间计提的固定资产折旧

借：制造费用——折旧费

  贷：累计折旧

5. 生产车间支付的办公费、水电费等

借：制造费用——办公费

  贷：银行存款

6. 发生季节性的停工损失

借：制造费用——办公费

  贷：原材料（或应付职工薪酬、银行存款等）

（二）费用分配

制造费用的分配方法与前面讲到的原材料、工资的方法大同小异。有生产工时比例法、工资比例法、机器工时比例法等。

1. 生产工时比例法：就是按照生产工人实际工时数来分配

$$制造费用分配率 = 制造费用总额 \div 工人工时总额$$

$$某产品应负担的制造费用 = 该产品工人工时 \times 制造费用分配率$$

2. 工资比例法：按照生产工人工资分配

$$制造费用分配率 = 制造费用总额 \div 工资总额$$

$$某产品应负担的制造费用 = 该产品工资 \times 制造费用分配率$$

【例 2-3】本月"制造费用"科目的余额是 64 235 元，生产工人的工资总额 51 800 元，甲产品工资 28 294.17 元，乙产品工资 23 505.83 元。

制造费用分配率 = 64 235 ÷ 51 800 = 1.24

甲产品应负担的制造费用 = 28 294.17 × 1.24 = 35 086（元）

乙产品应负担的制造费用 = 23 505.83 × 1.24 = 29 149（元）

做分录：

借：生产成本——基本生产成本（甲产品）   35 086

    ——基本生产成本（乙产品）   29 149

 贷：制造费用   64 235

上面讲的是加工制造业的成本核算，下面是施工建筑业的成本核算。这部分内容，初级会计实务里没有讲，中级会计实务也没有讲。因为涉及了成本科目，我觉得有必要了解一下，虽然有点冷门。

三、研发支出

企业在研究开发无形资产的时候，因为支出的项目不同，计入无形资产的成本也不同。在核算中，要分别设置"费用化支出""资本化支出"两个明细科目，前者要转入当期损益，后者才能转为无形资产。

（一）确认条件

小企业自行开发无形资产发生的支出，同时满足下列条件的，才能确认为无形资产：

（1）完成该无形资产以使其能够使用或出售在技术上具有可行性；

（2）具有完成该无形资产并使用或出售的意图；

（3）能够证明运用该无形资产生产的产品存在市场或无形资产自身存在市场，无形资产将在内部使用的，应当证明其有用性；

（4）有足够的技术、财务资源和其他资源支持，以完成该无形资产的开发，并有能力使用或出售该无形资产；

（5）归属于该无形资产开发阶段的支出能够可靠地计量。

（二）研发费用

1. 费用化支出

不能满足资本化条件的，发生各种费用支出时：

借：研发支出——费用化支出

　　贷：银行存款（或应付职工薪酬、原材料、应付利息）

2. 资本化支出

满足资本化条件的，发生各种费用支出时：

借：研发支出——资本化支出

　　贷：银行存款（或应付职工薪酬、原材料、应付利息）

3. 结转研发支出

月末把费用化支出结转到"管理费用"：

借：管理费用

贷：研发支出——费用化支出

　　研究开发项目达到预定用途形成无形资产的，把资本化支出转入无形资产：

　　借：无形资产
　　贷：研发支出——资本化支出

四、工程施工

工程施工是施工企业在工程建设中的施工费用，包括合同成本和间接费用，这也是"工程施工"科目的两个明细科目。

（一）合同成本

合同成本核算所有施工项目里的支出，很像"生产成本"科目。包括材料费、人工费、机械使用费、其他间接费用。

1. 材料费

材料费包括施工中的材料、构配件、燃润料、零件、租赁费用等。

2. 人工费

人工费包括施工人员的工资、奖金、福利费等。

3. 机械使用费

机械使用费包括自有机械发生的费用和租用外单位机械的租金。

4. 其他间接费用

其他间接费用包括设计费用、生产工具和用具使用费、检验试验费、二次搬运费、临时设施折旧费等。

（二）间接费用

间接费用是为组织和管理施工所发生的费用，很像"制造费用"。发生的时候记在一起，如果工程项目多，月末就要分配到各个工程项目的合同成本里。

1. 费用内容

间接费用包括：发生的施工、生产单位管理人员职工薪酬、财产保险费、工程保修费、固定资产折旧费等。

2. 分配方法

间接费用的分配方法主要有两种：

（1）人工费用比例法：就是按照各项工程所用工人实际工资的比例进行分配。

$$间接费用分配率 = 当期全部间接费用 \div 当期各工程全部人工费之和$$

$$某项工程应分配的间接费用 = 该工程人工费 \times 间接费用分配率$$

【例2-4】某建筑公司同时承包A、B两项工程，A工程发生人工费125 300元，B工程发生人工费82 300元，本期的间接费用是34 851元。

间接费用分配率 = 34 851 ÷ (125 300 + 82 300) = 0.1679

A工程用负担的间接费用 = 125 300 × 0.1679 = 21 036（元）

B工程用负担的间接费用 = 82 300 × 0.1679 = 13 815（元）

借：工程施工——A工程（间接费用）　　　　21 036
　　　　　　——B工程（间接费用）　　　　13 815
　　贷：工程施工——间接费用　　　　　　　　　　34 851

（2）直接费用比例法：按照计入各项工程的直接费用的比例进行分配。

$$间接费用分配率 = 当期全部间接费用 \div 当期各工程直接费用之和$$

$$某工程应分配的间接费用 = 该工程的直接费用 \times 间接费用分配率$$

分配的时候要做一张分配表，附在记账凭证后面，就像固定资产计提折旧那样。

（三）账务处理

当你做过工厂会计再做建筑会计时，账务处理就比较好理解。

1. 建造时发生的人工费、材料费、机械使用费以及施工现场材料的二次搬运费、生产工具和用具使用费、检验试验费、临时设施折旧费等其他直接费用

借：工程施工——合同成本
　　贷：原材料（应付职工薪酬等）

2. 建造时发生的施工、生产单位管理人员职工薪酬

借：工程施工——间接费用
　　贷：应付职工薪酬——工资

3. 固定资产折旧费

借：工程施工——间接费用

　　贷：累计折旧

4. 财产保险费、工程保修费、排污费等间接费用支出

借：工程施工——间接费用

　　贷：银行存款

5. 月末结转间接费用

借：工程施工——合同成本（其他间接费用）

　　贷：工程施工——间接费用

6. 确认合同收入、合同费用时

借：银行存款（或应收账款、预收账款）

　　贷：主营业务收入

7. 确认合同费用时

借：主营业务成本

　　贷：工程施工——合同成本

施工企业简单的成本核算就是这样。

这里主要讲解工程施工，没有涉及税金和利润。

五、机械作业

企业及其内部独立核算的施工单位、机械站和运输队使用自有施工机械和运输设备进行机械作业发生的各项费用，统统借记"机械作业"科目。

（一）核算项目

机械作业核算的是自有设备发生的费用，包括职工薪酬、燃料及动力费、折旧及修理费、其他直接费、间接费用。这个"机械作业"就是小气候的"工程施工"，科目虽小，五脏俱全。

如果从外面租用的设备，发生的费用借记"工程施工——合同成本（机械使用费）"科目，不在这里核算。

"机械作业"科目按施工机械或运输设备的种类等进行明细核算。

（二）分配方法

有成本就存在分配的问题，由于施工企业机械的特殊性，分配方法也特殊。有的机械是按台班计算的，就要使用"台班分配法"；有的机械是按分配率计算的，就要使用"预算分配法"；有的是按工作量计算的，就要使用"作业量法"。这里只介绍两种分配方法。

1. 台班分配法

"台班"是施工企业的常用名词。因为机械设备都是以"台"为单位的，比如，一台搅拌机，两台升降机等。"班"是指一个工作时段，一般是 8 小时。一台机械设备工作一班就叫"一台班"。

某机械每台班实际成本 = 该机械本月实际发生总费用 ÷ 该机械本月实际工作的台班总数

$$\text{某成本核算对象应分配的机械使用费} = \text{该机械每台班实际成本} \times \text{该工程成本核算对象实际使用的台班数}$$

2. 作业量法

作业量法是按机械工作量为基础进行分配的方法。

某种机械的单位作业量成本 = 该种机械费用总额 ÷ 该种机械实际完成的作业量

$$\text{某成本核算对象应分配的机械使用费} = \text{某机械为该项工程提供的工作量} \times \text{某种机械的单位作业量成本}$$

（三）账务处理

1. 机械修理费支出

借：机械作业——修理费

　　贷：银行存款

2. 分配员工工资、管理人员工资

借：机械作业——职工薪酬

　　　　　——间接费用

　　贷：应付职工薪酬——工资

3. 机械运输等设备折旧费

借：机械作业——折旧费

　　贷：累计折旧

4. 外购燃料、动力费

借：机械作业——燃料及动力费

贷：银行存款
5. 办公用品、水电费等
借：机械作业——间接费用
　　贷：银行存款
6. 月末，把"机械作业"科目的余额按受益对象进行分配
（1）为本单位承包的工程提供服务的：
借：工程施工——某项工程（机械使用费）
　　贷：机械作业
（2）为外单位提供服务的：
借：生产成本（或劳务成本）
　　贷：机械作业

要领五　损益核算

损益类科目是用来核算本年利润的，它们核算得是否准确，决定了利润的准确性。

损益类科目分为收入和费用，收入增加记贷方，减少记借方；费用增加记借方，减少记贷方。

一、主营收入

由于行业不同，主营业务收入的方式也不同。

（一）销售收入

销售商品的收入，要按业务的种类进行明细核算。
1. **销售形式**
（1）商业折扣。
这是一种促销行为。
比如，常见的节假日商品打折，批量购买商品优惠。价格是事先讲好的，收入也按实际收到的货款入账。

（2）现金折扣。

这是一种融资行为。

销售后为了早日收回货款，根据回款提前的天数，给予客户一定比例的货款回扣。

（3）销售折让。

这是一种无奈行为。

商品销售后出现了问题，就要给购货方价格上的减让。

（4）销售退回。

这是一种失败行为。

售出的商品由于质量、品种不符合要求等原因遭到对方退货。

（5）混合销售。

这是一种涉税行为。

一项销售行为，既涉及服务又涉及货物。

（6）兼营业务。

这是一种双重涉税行为。

企业既有销售业务，也有服务等其他业务。

（7）视同销售。

这是一种变相销售。

虽然没有实质上的销售，但是商品转移了，就要像销售那样计提税金。

2. 确认时间

通常情况下，小企业应当在发出商品且收到货款或取得收款权利时，确认销售商品收入。具体有以下方式：

（1）销售商品采用托收承付方式的，在办妥托收手续时确认收入。

（2）销售商品采取预收款方式的，在发出商品时确认收入。

（3）销售商品采用分期收款方式的，在合同约定的收款日期确认收入。

（4）销售商品采用支付手续费方式委托代销的，在收到代销清单时确认收入。

（5）销售商品以旧换新的，销售的商品作为商品销售处理，回收的商品作为购进商品处理。

（6）销售商品以旧换新的，销售的商品作为商品销售处理，回收的商品作为购进商品处理。

(7) 采取产品分成方式取得的收入,在分得产品之日按照产品的市场价格或评估价值确定销售商品收入金额。

3. 账务处理

(1) 收到货款的销售。

借:银行存款
　　贷:主营业务收入
　　　　应交税费——应交增值税(销项税额)

(2) 对方欠款的销售。

借:应收账款——某企业
　　贷:主营业务收入
　　　　应交税费——应交增值税(销项税额)

(3) 收到汇票的销售。

借:应收票据——某企业
　　贷:主营业务收入
　　　　应交税费——应交增值税(销项税额)

(4) 销售后发生退货。

借:主营业务收入
　　应交税费——应交增值税(销项税额)
　　贷:银行存款(或应收账款)

(5) 实行现金折扣的销售。

① 销售实现时:

借:应收账款(原定价款)
　　贷:主营业务收入
　　　　应交税费——应交增值税(销项税额)

② 折扣期内收到货款时:

借:银行存款(折扣后价款)
　　财务费用(现金折扣额)
　　贷:应收账款(原定价款)

(6) 销售后发生折让情况。

① 销售实现时:

借:应收账款(全部价款)

贷：主营业务收入
　　　　　应交税费——应交增值税（销项税额）

② 发生折让时：

　　借：主营业务收入
　　　　应交税费——应交增值税（销项税额）
　　　贷：应收账款（折让价款）

③ 收到货款时：

　　借：银行存款
　　　贷：应收账款（剩余账款）

（7）销售后商品退回。

① 销售实现时：

　　借：应收账款（全部价款）
　　　贷：主营业务收入
　　　　　应交税费——应交增值税（销项税额）

② 结转成本时：

　　借：主营业务成本
　　　贷：库存商品

③ 销售退回时：

　　借：主营业务收入
　　　　应交税费——应交增值税（销项税额）
　　　贷：应收账款（应退价款）

④ 冲转成本：

　　借：库存商品（退回金额）
　　　贷：主营业务成本

⑤ 收到货款时：

　　借：银行存款
　　　贷：应收账款（剩余账款）

（8）月末收入结转利润。

　　借：主营业务收入
　　　贷：本年利润

这笔分录，月末与其他的损益类科目一起做。现在单独展示，是为了提醒你月末别忘记结转利润。

（二）劳务收入

企业从事建筑安装、修理修配、交通运输、仓储租赁、咨询经纪、文化体育、科学研究、技术服务、教育培训、餐饮住宿、中介代理、卫生保健、社区服务、旅游、娱乐、加工以及其他劳务服务活动取得的收入，属于劳务收入。对于服务类的企业，这也是"主营业务收入"。

劳务收入的分录与销售收入的分录一样，分录的套路不变，变的是一般纳税人与小规模纳税人"应交税费——应交增值税"的账务处理。

1. 在同一会计期间完成的劳务

借：银行存款
　　贷：主营业务收入
　　　　应交税费——应交增值税

2. 需要一段时间才能完成的，按实际发生的劳务成本

（1）先计入成本：

借：劳务成本
　　贷：应付职工薪酬（或银行存款）

（2）劳务结束确认收入：

借：银行存款
　　贷：主营业务收入
　　　　应交税费——应交增值税

（3）结转成本：

借：主营业务成本
　　贷：劳务成本

到了月末，损益类的科目无一例外地要转到"本年利润"科目。又提醒一次，还是为了加深印象。因为有些会计初学者，月末不知道结转什么，或者说不知道什么是损益类科目。

二、主营成本

主营业务收入对应的就是主营业务成本，无论是销售还是提供劳务和服

务。这是会计的配比原则决定的。

销售商品的成本，就是库存商品的成本，提供劳务、服务的成本，就是与主营业务收入相关的支出。

主营业务成本与主营业务收入一样，也可以按业务种类进行明细核算。不同的行业有不同的账务处理。

（一）销售成本

1. 销售商品后结转成本

借：主营业务成本
　　贷：库存商品

2. 销售退回冲转成本

借：库存商品
　　贷：主营业务成本

（二）服务成本

1. 发生的成本支出

借：主营业务成本
　　贷：银行存款

2. 发生的人工服务费

借：主营业务成本
　　贷：应付职工薪酬

（三）工程成本

借：主营业务成本
　　贷：工程施工

（四）结转利润

月末不管什么行业都要结转利润：

借：本年利润
　　贷：主营业务成本

三、其他收入

经营活动中的收入中除了"主营业务收入",都是"其他业务收入"。"其他业务收入"的核算,除了与"主营业务收入"的科目不同、核算的内容不同,其他的处理都一样。

(一)日常核算

1. 销售材料等

借:银行存款(或应收账款)
  贷:其他业务收入——出售材料
    应交税费——应交增值税

2. 出租包装物、固定资产、无形资产收取租金

借:银行存款(或库存现金)
  贷:其他业务收入——出租包装物
        ——出租固定资产
        ——出租无形资产
    应交税费——应交增值税

月末别忘了计提附加税费。

(二)结转利润

到了月末结转利润:

借:其他业务收入
  贷:本年利润

四、其他成本

与"主营业务成本"一样,当发生"其他业务收入"的时候,就要核算对应的"其他业务成本"。

（一）结转成本

1. 月末结转销售材料的成本

借：其他业务成本
　　贷：原材料

2. 出租包装物时结转成本及税金

借：其他业务成本——出租包装物
　　贷：周转材料——包装物

3. 出租无形资产时结转成本

借：其他业务成本——出租无形资产
　　贷：累计摊销

4. 出租固定资产时结转成本

借：其他业务成本——出租固定资产
　　贷：累计折旧

（二）结转利润

月末结转利润：

借：本年利润
　　贷：其他业务成本

五、税金附加

这个科目已经不陌生了，账务处理也简单。

（一）日常核算

1. 计提税金以及附加税费

借：税金及附加
　　贷：应交税费——应交消费税
　　　　　　　——应交城市维护建设税
　　　　　　　——应交资源税
　　　　　　　——应交教育费附加

——应交地方教育附加

　　——应交文化事业建设费

2. 收到因多交等原因退回的税费

借：银行存款

　　贷：税金及附加

（二）月末结转

月末结转利润：

借：本年利润

　　贷：税金及附加

六、投资收益

企业在做短期或者长期投资的时候，获取的债券利息、现金股利或者利润，还有买卖的差价，就是投资收益。前面已经接触过了，现在集中讲解。

（一）核算特点

投资收益核算的是净收益，即利润、股利和债券利息等收入减去投资损失后的收益。

按理说投资收益的余额应该是贷方，但是投资失败后，其余额就在借方了，这时候就是投资损失。

投资收益要按投资的项目进行明细核算。

（二）账务处理

1. 短期股票投资、短期基金投资和长期股权投资，被投资单位宣告发放的现金股利或利润时

借：应收股利

　　贷：投资收益

2. 收到上述现金股利或利润

借：银行存款

贷：应收股利

　3. 出售短期投资时

　（1）赚了：

　　借：银行存款（实际收到的金额）

　　　贷：短期投资（账面余额）

　　　　　应收股利（或应收利息，未领取的现金股利或利润）

　　　　　投资收益（差额）

　（2）赔了：

　　借：银行存款（实际收到的金额）

　　　　投资收益（差额）

　　　贷：短期投资（账面余额）

　　　　　应收股利（或应收利息，未领取的现金股利或利润）

　4. 持有短期债券投资和长期债券投资期间，月度终了，按照分期付息、一次还本的长期债券投资或短期债券投资的票面利率计算的利息收入

　　借：应收利息

　　　贷：投资收益

　5. 长期债券投资是一次还本付息的，根据票面利率计算的利息收入

　　借：长期债券投资——应计利息

　　　贷：投资收益

　6. 处置长期投资时

　（1）赚了：

　　借：银行存款（实际收到的金额）

　　　贷：长期债券投资（或长期股权投资，账面金额）

　　应收利息（或应收股利，未领取的利息）

　　投资收益（差额）

　（2）赔了：

　　借：银行存款（实际收到的金额）

　　　　投资收益（差额）

　　　贷：长期债券投资（或长期股权投资，账面余额）

　　　　　应收利息（或应收股利，未领取的利息）

　　　　　投资收益（差额）

7. 结转利润

（1）结转贷方余额：

借：投资收益

　　贷：本年利润

（2）结转借方余额：

借：本年利润

　　贷：投资收益

七、销售费用

与销售有关的费用都放在"销售费用"科目。

（一）税法规定

销售费用的项目很多，前面已经说了。这里重点说说税法规定不能税前全额扣除的广告宣传费。

广告宣传费包括广告费和业务宣传费。

税法规定：企业发生的符合条件的广告费和业务宣传费支出，除国务院财政、税务主管部门另有规定外，不超过当年销售（营业）收入15%的部分，准予扣除；超过部分，准予在以后纳税年度结转扣除。

例如，当年销售收入390万元，本年支出广告宣传费28万元。

税前允许抵扣：$390 \times 15\% = 58.5$（万元）

实际支出28万元，没有超过这个规定金额，当年可以全额扣除。

如果实际支出60万元，那么允许当年抵扣58.5万元，剩下的1.5万元可以留作下一个年度继续在税前抵扣。

这样看，国家对广告宣传费的支出还是很宽松的。

（二）账务处理

销售费用按照费用项目进行明细核算。

1. 在销售商品过程中发生的费用支出

借：销售费用——费用明细

　　贷：银行存款（或库存现金）

2. 销售人员的工资、福利费等

借：销售费用——职工薪酬

　　贷：应付职工薪酬——工资

3. 月末结转利润

借：本年利润

　　贷：销售费用

八、管理费用

几乎每个企业都会发生管理费用，批发业、零售业管理费用不多的，可以把本科目核算的内容并入"销售费用"科目核算。

（一）费用项目

管理费用的项目很多，税务总局的控制也多，比如业务招待费、职工福利费等。

因为这部分内容教材里只讲了管理费用的归集，没有顾及税金的要求，所以我就多说一些。

下面是管理费用的项目，也可当作明细科目：

1. 业务招待费

出于业务上的需要，哪家企业不吃饭、送礼啊。国家很难分清楚是商务招待还是个人消费了。为了避免企业大吃大喝，挤占纳税所得额，《企业所得税法实施条例》明文规定了控制业务招待费超支的比例：企业发生的与生产经营活动有关的业务招待费支出，按照发生额的60%扣除，但最高不得超过当年销售（营业）收入的5‰。

就是不管你花多花少，企业都要税前负担40%。

比如，企业全年营业收入是850万元，发生招待费用31万元。

先按招待费的60%计算：$31 \times 60\% = 18.6$（万元）

再按营业收入的5‰计算：$850 \times 5‰ = 4.25$（万元）

由此看出，这31万元的招待费允许扣除18.6万元，但不能超过4.25万元。因此，在汇算清缴的时候，只能税前扣除4.25万元。

这是两道杠儿，两组数据取低者。

再比如，营业收入还是850万元，招待费支出7万元。

先按招待费的60%计算：7×60% = 4.2（万元）

再按营业收入的5‰计算：850×5‰ = 4.25（万元）

现在看，允许企业税前扣除的金额是4.2万元。其余的金额，要做纳税所得税的增项处理，就是调增纳税所得额。

不过你可以踩着"临界点"做预算，可以在税前做最大的扣除。计算过程是这样的：

首先用营业额乘以5‰计算出来允许扣除的金额，再用这个金额除以60%，就是业务招待费的临界点。

假设企业每年的营业额大约500万元，支出多少能全部在税前扣除呢？

500×5‰ = 2.5（万元）

2.5÷60% = 4.16（万元）

结果出来了：每年支出4.16万元的招待费，按60%计算，就不会超过按营业额的5‰了。

会计运用这种方法，也可以给老板提建议，让老板吃喝有数。

值得注意的是，会计在处理业务招待费的时候要注意划清界限，不是看见餐费就计入业务招待费，有些"饭"可以列到别的科目。比如，节假日企业款待员工的就餐，应该算作福利费，而不是业务招待费，这部分就可以100%的报销。

2. 职工福利费

管理费用有管理人员的工资，也有福利费。前面讲过了，职工福利费不能超过工资总额的14%，这个标准也要注意。一般私企很少超标的，我认为这条是控制国企的。

3. 工会经费

工会经费是不超过工资总额2%的部分，允许税前扣除。前提是要有工会的专用发票才可以报销。

4. 职工教育经费

职工教育经费是不超过工资总额2.5%的部分，允许税前扣除。

具体包括：①岗位培训；②技能培训；③职称考试费用；④专业技术人员继续教育；⑤教学设备与设施支出；⑥职工自学成才奖励费用；⑦职工教育培训管理费用。

5. 公司经费

这项费用包括行政管理部门职工薪酬、物料消耗、固定资产折旧、修理费、办公费和差旅费等，根据企业需要也可以分别设置。

6. 开办费

企业在领取了营业执照到正式营业的那段时间为筹建期，这期间发生的费用叫开办费，包括筹建期人员工资、办公费、培训费、差旅费、印刷费、注册登记费以及不计入固定资产和无形资产购建成本的汇兑损益和利息支出。发生时直接借记"管理费用——开办费"。

7. 车辆费

现在的企业都有汽车，1年的养路费、过桥费、汽油费、修理费等支出也不少，可以单独设置一个明细科目核算，这样1年到头就知道养车的开销了。

8. 其他

上述内容以外的、不经常发生的费用，全部放在"其他"中。比如，聘请中介机构费、咨询费、诉讼费等。

（二）账务处理

管理费用的账务处理很简单，费用发生时一律记在借方，结转的时候记贷方。

1. 筹建期的开办费

借：管理费用——开办费
　　贷：银行存款

2. 行政管理人员工资以及社会保险费

借：管理费用——职工薪酬
　　　　　　——社会保险
　　贷：应付职工薪酬——工资
　　　　　　　　　　——社会保险费

3. 水电费、办公费等

借：管理费用——费用明细
　　贷：银行存款

4. 管理部门的折旧费：

借：管理费用——折旧费

贷：累计折旧
5. 需要摊销的费用
　借：管理费用——项目
　　贷：长期待摊费用——项目
6. 无形资产的研发费用
　借：管理费用
　　贷：研发支出
7. 月末结转利润
　借：本年利润
　　贷：管理费用

九、财务费用

没有贷款的企业，财务费用的金额不多，这项费用也按明细核算。下面是财务费用的账务处理：

1. 计提贷款利息
　借：财务费用——利息
　　贷：应付利息
2. 支付贷款利息
　借：应付利息
　　贷：银行存款
3. 收到存款利息
　借：银行存款
　　贷：财务费用——利息
4. 支付银行手续费
　借：财务费用——手续费
　　贷：银行存款
5. 月末结转利润
（1）借方余额：
　借：本年利润
　　贷：财务费用

（2）贷方余额：

借：财务费用

　　贷：本年利润

存款额高且没有贷款的企业，利息收入有可能高于费用支出，这时候月末"财务费用"科目就是贷方余额。

十、利得损失

这里的利得指的是"营业外收入"，损失指的是"营业外支出"。因为与企业的日常经营业务无关，收与支也没有配比，所以分别算利得和损失。

（一）利得形式

1. 政府补助

政府补贴，是指小企业从政府无偿取得货币性资产或非货币性资产。

还记得前面讲过一个"递延收益"的科目吧，确认的政府补助贷记"营业外收入"科目。

2. 非流动资产、处置净收益

包括处置固定资产、无形资产的收益。

3. 接受捐赠

接受捐赠产生的收益。

4. **盘盈**

企业在财产清查时，现金、存货、固定资产、无形资产的盘盈收益。

5. 税金返还

企业实行先征后返的所得税、增值税、消费税等收入。

此外还有汇兑收益、出租包装物和商品的现金收入、逾期未退包装物押金收益、确实无法偿还的应付款项、已作坏账损失处理后又收回的应收款项、违约金收益等。

（二）损失形式

1. 非流动资产、处置净损失

包括处置固定资产、无形资产的损失。

2. 公益性捐赠

指的是对外界的公益性捐赠支出。

3. 存货损失

包括存货的盘亏、毁损、报废损失。

4. 非常损失

指的是自然灾害造成的存货净损失。

5. 坏账损失

指的是应收款项的无法收回。

6. 罚款支出

包括行政罚款、税务罚款、违约金、赔偿金等。

此外还有无法收回的长期债券投资、长期股权投资损失、被没收财物的损失、捐赠支出、赞助支出等。

（三）账务处理

按收支项目进行明细核算。

1. 处置固定资产的收益

借：固定资产清理
　　贷：营业外收入——非流动资产处置净收益

2. 处置固定资产的损失

借：营业外支出——非流动资产处置净损失
　　贷：固定资产清理

3. 出售无形资产收益

借：银行存款等（实际收入）
　　累计摊销
　　贷：无形资产
　　　　应交税费——应交增值税
　　　　营业外收入——非流动资产处置净收益

4. 出售无形资产损失

借：银行存款
　　累计摊销
　　营业外支出——非流动资产处置净损失

贷：无形资产
　　　　　应交税费——应交增值税

5. 取得的罚款收入

借：银行存款（或库存现金）
　　　贷：营业外收入

6. 滞纳金、罚款等支出

借：营业外支出
　　　贷：银行存款（或库存现金）

7. 政府补助收入

借：银行存款（或递延收益）
　　　贷：营业外收入

8. 存货盘盈

借：待处理财产损溢——待处理流动资产损溢
　　　贷：营业外收入

9. 存货非常损失

借：营业外支出
　　　贷：待处理财产损溢——待处理流动资产损溢

10. 月末利得结转利润

借：营业外收入
　　　贷：本年利润

11. 月末损失结转利润

借：本年利润
　　　贷：营业外支出

十一、所得税费用

所得税费用是根据企业的本年利润为基点，按照税法规定做纳税调整后计算出来的所得税。

相关内容，在"应交所得税"科目里介绍了一些，这里再补充一点。

（一）相关概念

学所得税，要弄清几个概念：

1. 税前会计利润

这是指会计账面上的利润，是没有扣除所得税的利润，也叫利润总额。

2. 纳税调整增加额

纳税调整增加额是指会计上已经计入当期费用而税法不准扣除或延期扣除的金额。

因为税法上对企业的收入和支出有规定，与会计准则的要求不一致。会计把利润计算出来后，到年末，还要按税法的规定，把不应扣除的费用，加进纳税所得税额里计算所得税。

可能调增的有：按工资总额核算的职工福利费、工会经费、职工教育经费；按营业收入核算的业务招待费、广告宣传费；按利润核算的公益性捐赠支出；会计已经计入当期损失的税收滞纳金、罚款等。

这些费用超标了，就要调增。调增的金额，就是纳税调整增加额。

3. 纳税调整减少额

纳税调整减少额与纳税调整增加额正相反，企业已经确认的收入但税法规定不是纳税项目的金额。

比如，允许弥补的亏损、国债利息收入等。

4. 应纳税所得额

应纳税所得额是根据税法规定确认的用来计算所得税的基数。

纳税所得额，是以会计账上的本年利润为基数，再按照所得税法的要求，把不允许抵扣的和不算收入的调整出来，然后以此计算所得税。

5. 净利润

利润总额减去所得税费用就叫净利润，也叫税后利润。这部分利润是属于企业可供分配的利润，也是由"本年利润"转到"利润分配"的金额。

（二）账务处理

1. 计提所得税

借：所得税费用

　　贷：应交税费——应交所得税

2. 结转所得税

借：本年利润

　　贷：所得税费用

3. 缴纳所得税

借：应交税费——应交所得税

　　贷：银行存款

损益类科目的核算讲完了，最后补充说明一点。

损益类的科目在没有结转之前，正常的情况下，收入类的发生额在贷方，费用类的发生额在借方。有时候不正常，就是当发生冲减的时候，教材上都是做相反方向的分录。我认为应该正在"冲"减，就是用本方向的金额用负号表示。手工账就是红字，或者也用"－"号。

前面我讲了一些例子，当出现冲减管理费用的时候，一般是在贷方，我主张用借方的红字。现在用财务软件了，红字不容易体现，那么就在金额前面使用负号，即"－"。

好处：有的财务软件结转或者编制会计报表时，管理费用的数据取的是借方，会造成错误。就算手工报表，不分析直接用借方发生额合计数编报，也会出现报表数据的错误，尤其是经常发生贷方的"财务费用"科目。这些你可以在工作中慢慢体会。

至此，你已经跟着我学了"两板斧"，感觉怎么样？

建议你把这部分内容学完后，再去看第一板斧中的要领二。其实，这一板斧学的内容，更像是上一板斧的分解运动，两板斧结合起来练，你处理账务的功夫就扎实了。

第三板斧

报　　账

我们已经学习了记账、算账，现在教你最后一招：报账。

这个"账"就是财务报表，资料全面一些的叫财务报告，是企业经济业务的集中反映。

《企业会计准则》要求，企业必须有资产负债表、利润表、现金流量表、所有者权益（或股东权益）变动表以及上述报表的附注。而《小企业会计准则》不需要编制所有者权益（或股东权益）变动表，现金流量表也做了简化，用直接法填报。

虽然说现在的财务软件功能强大，有了前面的基础数据，会计报表可以设置自动生成。但你是学会计的，总要知道这些数据的来龙去脉吧。只有学会了报账，你的功夫才算全面，才有能力在企业独当一面。

要领一 财务状况

反映企业在某一特定日期财务状况的报表,叫资产负债表。

如果用家庭比喻,这张表能反映出存款、房产、家具、欠款以及积蓄情况。

一、报表概述

因为资产负债表反映的是截止月末或者年末那一天的情况,所以是静态报表。从报表上也能看出,日期是"年""月""日"。

资产负债表的格式是账户式的。左面是资产,右面是负债和所有者权益,正好符合会计的平衡公式:

$$资产 = 负债 + 所有者权益$$

开篇我们就认识了资产负债表,再翻到前面看看那张报表的模样(表1-1)。

因为《小企业会计准则》里的科目少,这张表也比《企业会计准则》里的资产负债表项目少。

前面我们已经按顺序学习了会计科目,现在看这张表就不陌生了吧。我曾要求总账目录按会计要素排列,现在填制这张表就方便多了。

二、编制方法

资产负债表的编制很简单,大部分数据是直接从总账上的科目余额取来的。

"年初余额"是上年资产负债表里的"期末余额",这栏的金额填好后,1年都不变。如果是新成立的企业,这一栏没有数据。"期末余额"是结账后的余额,也就是我们每月要填的余额。

(一)填写数据

资产负债表里的数据多数是总账科目的期末余额,下面我们看一些例外的项目。

（1）"货币资金"项目，根据"库存现金"、"银行存款"和"其他货币资金"科目的期末余额合计填列。

（2）"应收账款"项目，根据"应收账款"的期末借方余额分析填列，如果"应收账款"科目期末为贷方余额，就要填在"预收账款"项目下。

（3）"预付账款"项目，根据"预付账款"的期末借方余额分析填列，如果"预付账款"科目期末为贷方余额，就要填在"应付账款"项目下。

（4）"存货"项目，根据"材料采购""在途物资""原材料""材料成本差异""生产成本""库存商品""商品进销差价""委托加工物资""周转材料""消耗性生物资产"等科目的期末余额合计填列。

（5）"固定资产账面价值"项目，根据"固定资产"科目的期末余额减去"累计折旧"科目的期末余额后的金额填列。

（6）"固定资产清理"项目，根据"固定资产清理"科目的期末借方余额填列，如果是贷方余额，就用"－"号填列。

（7）"生产性生物资产"项目，根据"生产性生物资产"科目的期末余额减去"生物性生物资产累计折旧"科目的期末余额后的金额填列。

（8）"无形资产"项目，根据"无形资产"科目的期末余额减去"累计摊销"科目的期末余额后的金额填列。

（9）"应付账款"项目，根据"应付账款"科目的期末贷方余额填列，如果"应付账款"科目期末为借方余额，就要填在"预付账款"项目下。

（10）"预收账款"项目，根据"预收账款"科目的期末贷方余额填列，如果"预收账款"科目期末为借方余额，就要填在"应收账款"项目下。

（11）"应交税费"项目，要分别对待。

先说小规模纳税人的"应交税费"项目，它是根据"应交税费"科目的期末贷方余额填列，如果"应交税费"科目是借方余额，就用"－"号填列。

再说一般纳税人的"应交税费"的填报，要根据本科目不同的明细科目，填在不同的项目中。具体如下：

"应交税费"科目下的"应交增值税""未交增值税""待抵扣进项税额""待认证进项税额""增值税留抵税额"等明细科目期末借方余额应根

据情况，在资产负债表中的"其他流动资产"或"其他非流动资产"项目列示；

"应交税费——待转销项税额"等科目期末贷方余额应根据情况，在资产负债表中的"其他流动负债"或"其他非流动负债"项目列示；

"应交税费"科目下的"未交增值税""简易计税""转让金融商品应交增值税"和"代扣代交增值税"等科目期末贷方余额应在资产负债表中的"应交税费"项目列示。

（12）"未分配利润"项目，根据"本年利润"科目和"利润分配"科目的余额合计数填列。合计数为借方的，用"-"号填列。

下面是"第一板斧——要领三"1~20号实务题的总账科目余额。如果你按我的训练要求记账了，那么你现在看看你算出的余额是不是下面这些数据（见表3-1）。

表3-1　　　　　　　　　　总账科目余额表　　　　　　　　单位：元

会计科目	借方余额	贷方余额
库存现金	870.00	
银行存款	361 850.00	
原材料	9 587.52	
库存商品	3 617.00	
固定资产	147 692.31	
累计折旧		1 192.00
应付职工薪酬		68 700.00
应交税费	17 816.04	
实收资本		500 000.00
本年利润	28 459.13	
合计	569 892.00	569 892.00

你先试着把它填在资产负债表"期末余额"栏里，假设是20××年3月31日的财务报表。

如果你觉得前后翻书不方便，就看我填的吧（见表3-2）：

表 3-2　　　　　　　　　　　　　　**资产负债表**

会小企 01 表

编制单位：三板斧制造有限公司　　　20××年2月28日　　　　　　　　单位：元

资产	行次	期末余额	年初余额	负债和所有者权益	行次	期末余额	年初余额
流动资产：				流动负债：			
货币资金	1	362 720.00		短期借款	31		
短期投资	2			应付票据	32		
应收票据	3			应付账款	33		
应收账款	4			预收账款	34		
预付账款	5			应付职工薪酬	35	68 700.00	
应收股利	6			应交税费	36	8 262.25	
应收利息	7			应付利息	37		
其他应收款	8			应付利润	38		
存货	9	13 204.52		其他应付款	39		
其中：原材料	10	9 587.52		其他流动负债	40		
在产品	11			流动负债合计	41	76 962.25	
库存商品	12	3 617.00		非流动负债：			
周转材料	13			长期借款	42		
其他流动资产	14	26 078.29		长期应付款	43		
流动资产合计	15	402 002.81		递延收益	44		
非流动资产：				其他非流动负债	45		
长期债券投资	16			非流动负债合计	46		
长期股权投资	17			负债合计	47	76 962.25	
固定资产原价	18	147 692.31					
减：累计折旧	19	1 192.00					
固定资产账面价值	20	146 500.31					
在建工程	21						
工程物资	22						
固定资产清理	23						
生产性生物资产	24			所有者权益（或股东权益）：			
无形资产	25			实收资本（或股本）	48	500 000.00	
开发支出	26			资本公积	49		
长期待摊费用	27			盈余公积	50		

续表

资产	行次	期末余额	年初余额	负债和所有者权益	行次	期末余额	年初余额
其他非流动资产	28			未分配利润	51	-28 459.13	
非流动资产合计	29	146 500.31		所有者权益（或股东权益）合计	52	471 540.87	
资产总计	30	548 503.12		负债和所有者权益（或股东权益）总计	53	548 503.12	

单位负责人：张 三　　财会负责人：李 四　　复核：赵 五　　制表：刘 六

因为企业是新成立的，所以没有年初余额。

你发现没有，这里的"应交税费"项目与总账余额不符，本应该是借方的17 816.04元，却只填列8 262.25元，因为这是按财政部最新规定处理的，企业会计准则还没有更新。

你翻开"应交税费"明细账，就会发现"应交税费——待抵扣进项税额"有两笔账，一笔是970.60元，一笔是25 107.69元，合计26 078.29元，因为要等待发票认证后再做进项税额抵扣处理，所以按照规定先填在"其他流动资产"项目里。对于新成立的一般纳税人，头几个月因为购置的东西多，进项税额大是正常的。

此外再看"应交税费"其他项目：有应交附加税825.24元，有应交企业所得税560元，加上未交增值税6 877.01元，三笔贷方合计8 262.25元，这才是"应交税费"总额。

虽然报表里的数据不多，但也能看出对应关系，对应关系也叫勾稽关系。

（二）勾稽关系

资产负债表的勾稽关系是这样的：

（1）流动资产合计（行15）＝行1＋行2＋行3＋行4＋行5＋行6＋行7＋行8＋行9＋行14；

（2）非流动资产合计（行29）＝行16＋行17＋行20＋行21＋行22＋行23＋行24＋行25＋行26＋行27＋行28；

其中：行20＝行18－行19；

（3）资产总计（行30）＝流动资产合计（行15）＋非流动资产合计（行

29)；

（4）流动负债合计（行41）＝行31＋行32＋行33＋行34＋行35＋行36＋行37＋行38＋行39＋行40；

（5）非流动负债合计（行46）＝行42＋行43＋行44＋行45；

（6）负债合计（行47）＝流动负债合计（行41）＋非流动负债合计（行46）；

（7）所有者权益（或股东权益）合计（行52）＝行48＋行49＋行50＋行51；

（8）负债和所有者权益（或股东权益）合计（行53）＝负债合计（行47）＋所有者权益（或股东权益）合计（行52）；

（9）资产总计（行30）＝负债和所有者权益（或股东权益）总计（行53）。

上述关系不相等，说明报表错了。错的原因，不是表的数据填错了，就是合计算错了，或者总账本身不平。

手工编制资产负债表之前，最好把总账上的数据单列出来，借贷方余额相等后，再根据这些数据填列，一定是平的。

你自己看看表里的勾稽关系，练习一下。

三、财务分析

从资产负债表里，我们知道了企业拥有多少资产，外欠多少债务，还有多少属于自己的。这只是表面现象，我们要学会透过现象看本质，就需要财务分析。

从资产负债表里看到的最多的是偿债能力，有以下几种分析方法：

（一）偿债能力

从资产负债表里看偿债能力，有以下几个比率。

1. 流动比率

通过这个比率，能看出企业短期债务的偿还能力。

$$流动比率 = 流动资产 \div 流动负债$$

合理比率范围在1～2之间。意思是1元的债务，至少要有1元的流动资产做还债保证。流动比率越大，说明短期偿债能力越强。

因为流动资产里包括库存商品和原材料，有时候比率大，可能存货多，或者负债少。

看一下上面的资产负债表里的数据，流动比率是多少？

流动比率 = 402 002.81 ÷ 76 962.25 = 5.22

这样的比率偿债是没问题的。

如果有年初的数据对比，便能看出 1 年的变化。

存货多，变现能力就差，影响还债能力，还应该看速动比率。

2. 速动比率

把资产中变现慢的存货扣除，更能体现短期的偿还能力。

$$速动比率 =（流动资产 - 存货）÷ 流动负债$$

比率范围在 0.5~1 之间，说明有一定的偿债能力，当然越多越强。

还看上面的报表，算一下速动比率。

速动比率 =（402 002.81 - 13 204.52）÷ 76 962.25 = 5.05

仍然是让人满意的比率。

你也试着拿出企业的报表做实验。

3. 负债比率

通过资产负债比率，还能看出企业的长期偿债能力。

$$资产负债率 = 负债总额 ÷ 资产总额 × 100\%$$

这个比率通常在 40%~60% 比较合适。负债率大于 80%，有资不抵债的风险；如果大于 100%，就离破产不远了。

你也许怀疑，负债率怎么可能大于 100%，不是还有所有者权益吗？

你看资产负债表，当亏损额大于资本金的时候，所有者权益就是负数了，这时候的负债金额就会大于资产金额，这叫"资不抵债"。

企业的负债多了，会有经营的压力；负债少了，说明你不会借鸡生蛋。

但是企业的性质不同，比率也不同。

比如，房地产业的资产负债率在 70% 左右，金融业都在 90% 以上，家电业、农业在 40% 左右，医药业在 20% 左右，有的港口不到 10%。如果这个数据在几年内变化不大且经营状况良好，那么这个比率就是正常的。

贷款的企业要注意，银行比较关注资产负债率，当负债率大于 40% 的时候，银行就不愿意贷款给你了，它怕贷款到期还不起。这也促使有些企业为了贷款造假表。

还是分析我们的报表吧。

资产负债率 = 76 962.25 ÷ 548 503.12 = 14%

拿这样的报表去银行贷款，它们一定放心。

（二）结构分析

资产负债表是由三个会计要素组成的：资产、负债、所有者权益，三者之间怎样的比例才协调呢？这就像人的骨骼，不匀称，就有健康问题。

这里有一张匀称的资产负债表（见表3-3）。

表3-3

资产100%		负债40%	
流动资产	60%	流动负债	30%
固定资产	40%	长期负债	10%
		所有者权益60%	
		实收资本	20%
		盈余公积	30%
合计	100%	未分配利润	10%

把我们报表里的数据代进去（见表3-4）：

表3-4

资产100%		报表数据	负债40%		报表数据
流动资产	60%	402 002.31 （73%）	流动负债	30%	76 962.25 （14%）
固定资产	40%	146 500.31 （27%）	长期负债	10%	
			所有者权益60%		471 840.87 （86%）
			实收资本	20%	500 000.00 （91%）
			盈余公积	30%	
合计	100%	541 626.11 （100%）	未分配利润	10%	-28 459.13 （-5%）

看出来了吧，多不协调的一张表啊，别的不说，亏损就不好看。不过，新成立的企业亏损也不奇怪。虽然资产负债率很低，但是盈利能力不强，稍后再分析这些内容。

这里做的业务简单，如果你已经工作了，可以把企业的报表拿来计算，就会觉得很丰富，也很立体。

单纯的分析资产负债表不够全面，一般要与利润表上的数据结合分析才能说明问题。

要领二　经营成果

反映小企业在一定会计期间的经营成果的报表，叫利润表。因为这张表是根据损益类科目的发生额填列的，所以也叫损益表。

还以家庭为例，到了年末，看这 1 年工资收入是多少，灰色收入有多少，伙食费、水电费、送礼等开销是多少，净剩多少。这就是利润，再扣除个人所得税，就是净利润了。

一、报表概述

因为这张表反映的是一段时间的收支和盈亏情况，所以叫动态报表。你看报表的日期，只有"年"和"月"，没有"日"。

这张表是多步式的，利润也是从收入减费用一步一步推算出来的。也体现了会计的第二个恒等式

$$收入 - 费用 = 利润$$

这张表，我们一开始就见过面。

我们这张表与《企业会计准则》里的利润表不太一样，分"主营业务收入"和"其他业务收入"，还有"主营业务利润"。

这里有几个新名词，我解释一下。

营业收入：销售商品和提供劳务所实现的收入总额。

营业成本：销售商品的成本和所提供劳务的成本。

营业利润：当期开展日常生产经营活动实现的利润。

利润总额：当期实现的利润总额。

净利润：当期实现的净利润。

二、编制方法

利润表的数据也是总账上的，但不是余额，而是损益类科目的发生额。

"本年累计金额"是从年初至报告期末的累计发生额，"本月金额"是本月发生额。

注意：到了年末，"本月金额"要改为"上年金额"栏，填列上年全年实际发生额。

（一）填写数据

利润表里的数据是根据损益类科目发生额填列的，有几个特殊的情况如下：

1. "营业收入"项目，根据"主营业务收入"科目和"其他业务收入"科目的发生额合计填列。

2. "营业成本"项目，根据"主营业务成本"科目和"其他业务成本"科目的发生额合计填列。

3. "营业利润"项目，根据营业收入扣除营业成本、营业税金及附加、销售费用、管理费用和财务费用，加上投资收益后的金额填列。如为亏损，以"-"号填列。

4. "利润总额"项目，根据营业利润加上营业外收入减去营业外支出后的金额填列。如为亏损总额，以"-"号填列。

5. "净利润"项目，根据利润总额扣除所得税费用后的金额填列。如为净亏损，以"-"号填列。

下面的数据还是"第一板斧——要领三"实务题中损益科目的发生额，你检查一下自己记的账，发生额是否与下面的一致（见表3-5）。

表3-5　　　　　　　　　　损益类科目发生额　　　　　　　　　　单位：元

科　目	借方发生额	贷方发生额
主营业务收入		62 820.51
主营业务成本	54 255.00	
税金及附加	825.24	
销售费用	8 300.00	
管理费用	27 339.40	
所得税费用	560.00	
合计	91 279.64	62 820.51

你觉得这个合计有意义吗？

有的，"本年利润"是怎么算出来的？就是损益类科目借贷方的差额啊。

这里我是为了你不断巩固知识才设定的合计数，你在手工报表的时候不写也可以，因为账上有"本年利润"余额，填完表核对一下就知道了。

把上面的数据填在利润表的"上期金额"栏，就是这样（见表3-6）：

表3-6　　　　　　　　　　利　润　表

会小企02表

编制单位：三板斧制造有限公司　　　20××年2月　　　　单位：

项　目	行次	本年累计金额	本月金额
一、营业收入	1		62 820.51
减：营业成本	2		54 255.00
税金及附加	3		825.24
其中：消费税	4		
城市维护建设税	5		481.39
资源税	6		
土地增值税	7		
城镇土地使用税、房产税、车船税、印花税	8		
教育费附加、矿产资源补偿费、排污费	9		343.85
销售费用	10		8 300.00
其中：商品维修费	11		
广告费和业务宣传费	12		

续表

项　　目	行次	本年累计金额	本月金额
管理费用	13		27 339.40
其中：开办费	14		
业务招待费	15		
研究费用	16		
财务费用	17		
其中：利息费用（收入以"－"号填列）	18		
加：投资收益（损失以"－"号填列）	19		
二、营业利润（亏损以"－"号填列）	20		－27 899.13
加：营业外收入	21		
其中：政府补贴	22		
减：营业外支出	23		
其中：坏账损失	24		
无法收回的长期债券投资损失	25		
无法收回的长期股权投资损失	26		
自然灾害等不可抗力因素造成的损失	27		
税收滞纳金	28		
三、利润总额（亏损总额以"－"号填列）	29		－27 899.13
减：所得税费用	30		560.00
四、净利润（净损失以"－"号填列）	31		－28 459.13

单位负责人：张　三　　财会负责人：李　四　　复核：赵　五　　制表：刘　六

你看利润是"－"号不顺眼吧？

通常在会计教材里是不会出现"本年利润"科目余额在借方的实务题，而实际工作中会有发生。

为什么我在这里举亏损的例子呢？

我教会计的时候，有个学生问我，他刚刚接任会计，发现这家企业上年度没有所得税，问我怎么回事。

我让他回去看看利润总额是多少。

第二天他告诉我，是负数。

我说，那就对了，没有利润一般是没有所得税的。

他跟我咬字眼儿："什么叫一般，还有二般情况？"

我告诉他："有时候本年利润是借方余额，但是年末经过纳税调整，有可能变成贷方余额，就要缴纳所得税。这就是有的税管员要你每季度都缴纳所得税的原因。"

你可能发现问题了，我们这里也是亏损，怎么还缴纳所得税？

因为前面我说了，是"假设"，也是为了让你熟悉所得税的计提业务。

（二）勾稽关系

表里的数据填完了，其实勾稽关系也就显示出来了。

以营业收入为起点，按表里的"加""减"标示就能看出来。

行1－行2－行3－行10－行13－行17＋行19＝行20；

行20＋行21－行23＝行29；

行29－行30＝行31。

这里有个数据应该与资产负债表核对起来，就是行31的"净利润"，等于资产负债表里行51"未分配利润"的期末余额减去年初余额。到了年末，因为提取了"盈余公积"，那么勾稽关系就是"未分配利润"和"盈余公积"的期末余额合计减去年初余额合计。在我们的例子中，因为没有年初数，所以利润表里的"净利润"数就是资产负债表里的"未分配利润"数。

看我们这张表，"净利润"与资产负债表里的"未分配利润"相等，都是－28 459.13元，证明报表是对的。

三、财务分析

从利润表里，我们能看出企业一段时期内有多少收入、多少成本和费用，最后是赔了还是赚了。但是你想了解运营能力怎么样，获利能力如何，就要用数据分析了。

单靠一张报表看不出什么问题，我们要把两张表结合起来，反映的信息才丰富。因为我们报表里的数据不全，就不做了。

（一）运营能力

从下面几个周转率的分析，能看出企业的运营能力。

1. 应收账款周转率

一般企业都有应收款，回款的快慢程度就看周转率。

周转率也叫次数，如果换算成天数，就用天数除。

$$应收账款周转率 = 营业收入 \div 平均应收账款余额$$

其中：

$$营业收入 = 主营业务收入 + 其他业务收入$$

$$平均应收账款余额 = (应收账款期初余额 + 应收账款期末余额) \div 2$$

$$应收账款周转天数 = 360 \times 平均应收账款余额 \div 营业收入$$

周转天数也叫周转期，想知道 1 个季度的周转天数，就用 90 除；想知道 1 个月的周转天数，就用 30 除。相对应的"平均应收账款余额"和"营业收入"也必须是同一时期的。

周转次数越多，或者周转天数越少，说明应收款回收得越快。

因为企业经营的产品不同，应收账款的管理水平不同，回款速度也不同。

假设上年的周转天数是 31 天，今年是 25 天，说明今年的应收账款回款快。

2. 存货周转率

企业购买的存货多了会占用资金，少了有时候会耽误生产，所以要看存货周转率。

$$存货周转率 = 营业成本 \div 平均存货余额$$

$$存货周转天数 = 360 \times 平均存货余额 \div 营业成本$$

这个比率与存货和成本有关，产品销得越多，存货越少，周转越快，变现速度就越快。

3. 固定资产周转率

这是衡量固定资产利用效果的一个比率。

$$固定资产周转率 = 营业收入 \div 平均固定资产净值$$

$$固定资产周转天数 = 360 天 \times 平均固定资产净值 \div 营业收入$$

其中：

$$固定资产净值 = 固定资产原价 - 累计折旧$$

周转次数越高，表明企业固定资产的利用越充分。

上述周转率都要与企业以往的数据相比，才能看出是变好了还是变差了。

（二）获利能力

看企业的获利能力，主要有 4 个指标。

1. 营业利润率

$$营业利润率 = 营业利润 \div 营业收入 \times 100\%$$

营业利润率越高，企业的盈利能力越强，反之就弱。

由此也可以计算营业毛利率。

$$营业毛利率 = (营业收入 - 营业成本) \div 营业收入 \times 100\%$$

不同的行业有不同的毛利率。有的行业比如种植业，毛利率在 50% 左右，而米业的毛利率在 10% 左右；朝阳行业的电子企业，毛利率能达 70%，而夕阳行业的钢铁企业，不足 10%。

这个指标是高还是低，还是要与本行业和本企业的情况结合起来看。

2. 成本费用利润率

$$成本费用利润率 = 利润总额 \div 成本费用总额 \times 100\%$$

企业都想控制成本、费用，因为它们降低了，利润就上去了。

3. 总资产报酬率

$$总资产报酬率 = 息税前利润总额 \div 平均资产总额 \times 100\%$$

这项指标是看企业全部资产的利用效果和活力水平，指标高，说明企业在增收节支方面做得比较好。

4. 净资产收益率

$$净资产收益率 = 净利润 \div 平均净资产 \times 100\%$$

"净资产收益率"也叫"股东权益收益率"，这个指标反映了股东投资的获利能力。该比率越高，说明股东投资带来的回报越高。

我们的这张报表利润总额是负数，盈利能力肯定是没有了。

（三）发展能力

企业有没有发展能力，是否能长远走下去，我们可以看 3 个指标。

1. 营业收入增长率

$$营业收入增长率 = 本年营业收入增长额 \div 上年营业收入总额 \times 100\%$$

看企业的营业收入增长水平，至少要看最近 3 年的对比数据。增长率越高，说明市场占有率越高。

2. 资本保值增长率

$$\frac{资本保值}{增长率} = \frac{扣除客观因素后的本年末}{所有者权益总额} \div \frac{年初所有者}{权益总额} \times 100\%$$

每个企业都希望企业的资本是增值的，尤其是债权人，看到资本保值增长率高于100%的时候，至少认为自己的债权有保障了。

3. 总资产增长率

$$总资产增长率 = 本年总资产增长额 \div 年初资产总额 \times 100\%$$

这是看企业扩张能力的，企业家产越多，说明日子越过越有。

上述3个指标越高越好，说明企业的发展水平也高。但也要有度，避免盲目扩张。

（四）结构分析

利润表也有自己合理的结构，是这样的（见表3-7）：

表3-7

项　　目	理想比例（%）
主营业务收入	100
主营业务成本	75
主营业务利润	25
期间费用	13
营业利润	12
营业外净损失	1
利润总额	11
所得税	4
净利润	7

我们利润表里的数据不是很理想，你可以代进去试试。

要领三　现金流量

反映小企业在一定会计期间现金流入和流出的报表，叫现金流量表。

仍然以家庭为例。1年当中，收进来多少现金，都是什么性质的；支付多少现金，都支付什么项目了。收入大于支出叫净流入，出现负数就是净流出，也叫"入不敷出"。

一、报表概述

因为现金流量表反映的是一段时期的现金流动情况，表的日期也是只有"年"和"月"没有"日"，所以叫动态报表。

这张表是报告式的，按经营活动情况显示现金流的信息。

这张表与前两张表的编制依据和方法都不同，我们先弄清几个概念：

（1）现金：是指企业库存现金以及可以随时用于支付的存款和其他货币资金。

（2）现金流量：是指现金流入与流出的数量。企业从银行账户提取现金不算现金流量。

（3）现金流净额：现金流入量与流出额后的差额。流入大于流出为流量净额；流出大于流入……也叫流量净额，不过要用"-"号表示。

（4）经营活动：包括投资活动和筹资活动以外的所有交易和事项。

（5）投资活动：包括固定资产、无形资产、其他非流动资金的购建和短期投资、长期债券投资、长期股权投资及其处置活动。

（6）筹资活动：包括导致资本及债务规模和构成发生变化的活动。

（7）收付实现制：是以收到或付出现金为标准确定本期的经营收入和费用支出。

（8）权责发生制：是以收到现金的权利或支付现金的责任为标志确认本期的收入和费用。

我们平时处理账务执行的是"权责发生制"，资产负债表与利润表也是依据我们的账编报的。而现金流量表依据的是"收付实现制"，与我们日常记的账大相径庭，需要根据账上的数据进行分析、调整才能填列出来。只有搞清楚这两个概念，才能理解现金流量表。

二、编制方法

现金流量表的编制方法一般使用工作底稿法。

"工作底稿"纵向包括三大财务报表的项目,横向包括"期初数"、"调整分录"(借贷方)、"期末数"项目。

具体如下(见表3-8):

表3-8　　　　　　　　　现金流量表工作底稿

项　　目	期初数	调整分录 借方	调整分录 贷方	期末数
一、资产负债表项目				
货币资金				
短期投资				
应收票据				
应收账款				
预付账款				
……				
二、利润表项目				
主营业务收入				
主营业务成本				
税金及附加				
其他业务收入				
投资收益				
……				
三、现金流量表项目				
(一)经营活动产生的现金流量:				
销售产成品、商品、提供劳务收到的现金				
收到其他与经营活动有关的现金				
购买原材料、商品、接受劳务支付的现金				
支付的职工薪酬				
支付的税费				
支付其他与经营活动有关的现金				
经营活动产生的现金流量净额				
……				

先把资产负债表和利润表里的"期初数"和"期末数"导入工作底稿

中，然后以利润表项目中的"主营业务收入"开始结合资产负债表里的相关项目做调整分录，最后试算平衡。调整分录的借贷方相等了，就可以把"现金流量表项目"中的"期末数"填到现金流量表里了。

"调整分录"其实就是把"权责发生制"的收支转化为"现金实现制"的收支，是按现金流量表的项目——"经营活动产生的现金流量"、"投资活动产生的现金流量"、"筹资活动产生的现金流量"进行调整，相当于把业务重新做一遍。

还有一种方法：使用多栏式日记账，或者在电脑里设置电子表格。横向按现金流量表的项目列出，纵向是记账凭证的日期、编号。报表时累计出数据直接填列。虽然麻烦，但是准确，用的时候也相对省事。

比如这样（见表3-9）：

表3-9　　　　　　　　　　　现金流量记录

记账凭证		一、经营活动产生的现金流量						二、投资活动产生的现金流量
日期	编号	销售产成品、商品、提供劳务收到的现金	收到其他与经营活动有关的现金	购买原材料、商品、接受劳务支付的现金	支付的职工薪酬	支付的税费	支付其他与经营活动有关的现金	……

无论使用什么方法填制，关键是要理解每个项目的含义，不涉及现金及银行存款的金额不填。

注意：在现金流量表中，"本年累计金额"填列的是各项目自年初起到报告期末止的累计实际发生额，"本月金额"填列的是本月发生额；编年表时，要把"本月金额"栏改为"上年金额"栏，填列上年实际发生额。

（一）填写数据

每一个项目都与货币现金有关。

1. 经营活动产生的现金流量

（1）"销售产成品、商品、提供劳务收到的现金"项目，根据"主营业务收入""库存现金""银行存款"科目发生额分析填列。

（2）"收到其他与经营活动有关的现金"项目，根据"库存现金"和"银行存款"科目的发生额分析填列。

（3）"购买原材料、商品、接受劳务支付的现金"项目，根据"库存现金""银行存款""其他货币资金""原材料""库存商品"等科目的本期发生额分析填列。

（4）"支付的职工薪酬"项目根据"库存现金""银行存款""应付职工薪酬"项目的本期发生额填列。

（5）"支付的税费"项目，根据"库存现金""银行存款""应付税费"项目的本期发生额填列。

（6）"支付其他与经营活动有关的现金"项目，根据"库存现金""银行存款"等科目发生额分析填列。

2. 投资活动产生的现金流量

（1）"收回短期投资、长期债券投资和长期股权投资收到的现金"项目，根据"库存现金""银行存款""短期投资""长期股权投资""长期债券投资"等科目的发生额分析填列。

（2）"取得投资收益收到的现金"项目，根据"库存现金""银行存款""投资收益"等科目的发生额分析填列。

（3）"处置固定资产、无形资产和其他非货币流动资产收回的现金净额"项目，根据"库存现金""银行存款""固定资产清理""无形资产""生产性生物资产"等科目的发生额分析填列。

（4）"短期投资、长期债券投资和长期股权投资支付的现金"项目，根据"库存现金""银行存款""短期投资""长期债券投资""长期股权投资"等科目的发生额分析填列。

（5）"购建固定资产、无形资产和其他非流动资产支付的现金"项目，根据"库存现金""银行存款""固定资产""在建工程""无形资产""研发支出""生产性生物资产""应付职工薪酬"等科目的发生额分析填列。

3. 筹资活动产生的现金流量

（1）"取得借款收到的现金"项目，根据"库存现金""银行存款""短期借款""长期借款"等科目的发生额分析填列。

（2）"吸收投资者投资收到的现金"项目，根据"库存现金""银行存款""实收资本""资本公积"等科目的发生额分析填列。

（3）"偿还借款本金支付的现金"项目，根据"库存现金""银行存款""短期借款""长期借款"等科目的记录分析填列。

（4）"偿还借款利息支付的现金"项目，根据"库存现金""银行存款""应付利息"等科目的发生额分析填列。

（5）"分配利润支付的现金"项目，根据"库存现金""银行存款""应付利润"等科目的发生额分析填列。

4. 现金净增加额

就是上述三项活动的现金流量净额合计，可能是正数，也可能是负数。下面的"期初现金余额"，就是资产负债表里"货币资金"的"年初余额"。

5. 期末现金余额

根据资产负债表里"货币资金"的"期末余额"填列。

你看，现金流量表里几乎所有的项目都是根据货币资金与相关的科目分析填列的，没有直接取数的，较前两种报表复杂多了。

（二）勾稽关系

经营活动产生的现金流量（行7）= 行1 + 行2 – 行3 – 行4 – 行5 – 行6；
投资活动产生的现金流量（行13）= 行8 + 行9 + 行10 – 行11 – 行12；
筹资活动产生的现金流量（行19）= 行14 + 行15 – 行16 – 行17 – 行18；
现金净增加额（行20）= 行7 + 行13 + 行19；
期末现金余额（行22）= 行20 + 行21。

其实行20与行21，就是资产负债表的"货币资金"的"年初余额"和"期末余额"，这是表间的勾稽关系。

把前面的业务编制现金流量表（见表3-10）。

表 3-10　　　　　　　　　现金流量表

会小企 03 表

编制单位：三板斧制造有限公司　　　20××年2月　　　　　　　　单位：元

项　目	行次	本期累计金额	本月金额
一、经营活动产生的现金流量：			
销售产成品、商品、提供劳务收到的现金	1		73 500.00
收到其他与经营活动有关的现金	2		
购买原材料、商品、接受劳务支付的现金	3		26 170.00
支付的职工薪酬	4		
支付的税费	5		
支付其他与经营活动有关的现金	6		11 810.00
经营活动产生的现金流量净额	7		35 520.00
二、投资活动产生的现金流量：			
收回短期投资、长期债券投资和长期股权投资收到的现金	8		
取得投资收益收到的现金	9		
处置固定资产、无形资产和其他非流动资产收回的现金净额	10		
短期投资、长期债券投资和长期股权投资支付的现金	11		
购建固定资产、无形资产和其他非流动资产支付的现金	12		172 800.00
投资活动产生的现金流量净额	13		-172 800.00
三、筹资活动产生的现金流量：			
取得借款收到的现金	14		
吸收投资者投资收到的现金	15		500 000.00
偿还借款本金支付的现金	16		
偿还借款利息支付的现金	17		
分配利润支付的现金	18		
筹资活动产生的现金流量净额	19		500 000.00
四、现金净增加额	20		362 720.00
加：期初现金余额	21		
五、期末现金余额	22		362 720.00

单位负责人：张　三　　　财会负责人：李　四　　　复核：赵　五　　　制表：刘　六

　　因为资产负债表没有年初余额，所以现金流量表里也没有"期初现金余额"，行20与行22就是一个数据。

　　这个数据与资产负债表里的"货币资金"相等吧。说明这张表填对了。

技巧：填表的时候，先把资产负债表行1"货币资金"中的"年初余额"填在现金流量表行21"期初现金余额"中，再把资产负债表行1"货币资金"中的"年末余额"填在现金流量表的行21"期末现金余额"中，行22 – 行21 = 行20，这样行20的金额也出来了。然后填上面行次的数据，最后行1推算下来，看是否与行20的数据相符。这个数据是正确的，因为有勾稽关系。当然，别的数据也不能是错误的。

实际工作中很少有报现金流量表的，而且会计考试是以《企业会计准则》里的现金流量表为标准。因此作为小企业会计了解这些就可以了。

【练功场】

根据第一板斧要领三【练功场】4题（见本书第138页）里做的汇总表，编制资产负债表、利润表、现金流量表。

要领四　报表附注

除了上述三张财务报表，还有附注，也是财务报表的重要组成部分。

一、附注作用

在财务报表里，有些内容披露得很笼统，不能完全满足报表使用者的需求。所以做附注，对财务报表里的项目做补充和说明，让看报表的人更加详细地了解企业的财务状况。

二、附注内容

附注包括报表和文字，主要包括以下几方面内容：

（一）发表声明

企业要声明企业所编制的财务报表符合《小企业会计准则》的要

求，真实、完整地反映了本企业的财务状况、经营成果和现金流量等有关信息。

(二) 报表说明

对资产负债表里的一些项目做说明。

1. 短期投资项目的说明

见表3-11。

表3-11　　　　　　　　　　短期投资项目的说明

项　　目	期末账面余额	期末市价	期末账面余额与市价的差额
1. 股票			
2. 债券			
3. 基金			
4. 其他			
合　计			

2. 应收账款账龄结构的说明

见表3-12。

表3-12　　　　　　　　　　应收账款账龄结构

账龄结构	期末账面余额	年初账面余额
1年以内（含1年）		
1年至2年（含2年）		
2年至3年（含3年）		
3年以上		
合　计		

3. 存货账面价格与市价差额的说明

见表3-13。

表 3-13　　　　　　　　　　　存货的披露格式

存货种类	期末账面余额	期末市价	期末账面余额与市价的差额
1. 原材料			
2. 在产品			
3. 库存商品			
4. 周转材料			
5. 消耗性生物资产			
……			
合　计			

4. 固定资产项目的说明

见表 3-14。

表 3-14　　　　　　　　　　　固定资产的披露

项目	原价	累计折旧	期末账面价值
1. 房屋、建筑物			
2. 机器			
3. 机械			
4. 运输工具			
5. 设备			
6. 器具			
7. 工具			
……			
合　计			

5. 应付职工薪酬明细表

见表 3-15。

表 3-15　　　　　　　应付职工薪酬明细表　　　　　会小企 01 表附表 1

编制单位：　　　　　　　　　　　年　月　　　　　　　　　　单位：元

项目	期末账面余额	年初账面余额
1. 职工工资		
2. 奖金、津贴和补贴		

续表

项　目	期末账面余额	年初账面余额
3. 职工福利费		
4. 社会保险费		
5. 住房公积金		
6. 工会经费		
7. 职工教育经费		
8. 非货币性福利		
9. 辞退福利		
10. 其他		
合　计		

6. 应交税费明细表

见表 3-16。

表 3-16　　　　　　　　　　应交税费明细表　　　　　　　会小企 01 表附表 2

编制单位：　　　　　　　　　　年　月　　　　　　　　　　　单位：元

项　目	期末账面余额	年初账面余额
1. 增值税		
2. 消费税		
3. 营业税		
4. 城市维护建设税		
5. 企业所得税		
6. 资源税		
7. 土地增值税		
8. 城镇土地使用税		
9. 房产税		
10. 车船税		
11. 教育费附加		
12. 矿产资源补偿费		
13. 排污费		
14. 代扣代缴的个人所得税		
……		
合　计		

7. 利润分配表

见表 3-17。

表 3-17　　　　　　　　　　　　利润分配表　　　　　　　　会小企 01 表附表 3

编制单位：　　　　　　　　　　　年度　　　　　　　　　　　　　单位：元

项　目	行次	本年金额	上年金额
一、净利润	1		
加：年初未分配利润	2		
其他转入	3		
二、可供分配的利润	4		
减：提取法定盈余公积	5		
提取任意盈余公积	6		
提取职工奖励及福利基金*	7		
提取储备基金*	8		
提取企业发展基金*	9		
利润归还投资**	10		
三、可供投资者分配的利润	11		
减：应付利润	12		
四、未分配利润	13		

＊提取职工奖励及福利基金、提取储备基金、提取企业发展基金这 3 个项目仅适用于小企业（外商投资）按照相关法律规定提取的 3 项基金。

＊＊利润归还投资这个项目仅适用于小企业（中外合作经营）根据合同规定在合作期间归还投资者的投资。

至于上述的表格怎么填，不用讲解吧，聪明的你一看就能明白。

（三）文字说明

有些经营情况需要向报表使用人交代清楚，除了报表，还有文字。

（1）用于对外担保的资产名称、账面余额及形成的原因；未决诉讼、未决仲裁以及对外提供担保所涉及的金额。

（2）发生严重亏损的，应当披露持续经营的计划、未来经营的方案。

（3）对已在资产负债表和利润表中列示项目与企业所得税法规定存在差异的纳税调整过程。

总之，财务报表是为使用者服务的，企业披露得越多，他们了解得越全面；同理，你掌握的财务知识越多，你的价值提升得越快。

《会计三板斧》，祝你成功！

附录一

【练功场】参考答案

第一板斧　记账

要领一　基本功夫

1.

分六类：资产、负债、所有者权益、收入、费用、利润。

2.

资产 = 负债 + 所有者权益

利润 = 收入 – 费用

3.

资产类：

库存现金、银行存款、其他货币资金、短期投资、应收票据、应收账款、预付账款、应收股利、应收利息、其他应收款、材料采购、在途物资、原材料、材料成本差异、库存商品、商品进销差价、委托加工物资、周转材料、消耗性生物资产、长期债券投资、长期股权投资、固定资产、累计折旧、在建工程、工程物资、固定资产清理、生产性生物资产、生产性生物资产累计折旧、无形资产、累计摊销、长期待摊费用、待处理财产损溢。

负债类：

短期借款、应付票据、应付账款、预收账款、应付职工薪酬、应交税费、应付利息、应付利润、其他应付款、递延收益、长期借款、长期应付款。

所有者权益类：

实收资本（或股本）、资本公积、盈余公积、本年利润、利润分配。

成本类：

生产成本（劳务成本）、制造费用、研发支出、工程施工、机械作业。

损益类：

主营业务收入、其他业务收入、投资收益、营业外收入、主营业务成本、其他业务成本、税金及附加、销售费用、管理费用、财务费用、营业外支出、所得税费用。

4.（略）

5.

资产、成本、费用类科目增加记借方；

负债、所有者权益、收入类科目增加记贷方。

6.

（1）不可能，只能一增一减。

（2）一定的。

（3）不可能，只能同增同减。

（4）不可能，只能一增一减。

7. 需要填的项目：填制日期、凭证编号、业务摘要、总账科目、明细科目、借方金额、贷方金额、金额合计、单据张数、制单签章。

8. 同类的业务可以汇总做记账凭证。

要领二 账务处理

1.（略）

2.

（1）

借：银行存款	300 000
贷：实收资本——甲	200 000
——乙	100 000

（2）

借：库存现金	3 500
贷：银行存款	3 500

（3）

借：其他应收款——刘力	2 500

　　　　贷：库存现金　　　　　　　　　　　　　　　　2 500

(4)

当期可抵扣进项税额 = 85 470.09 × 60% = 8 717.95（元）

第 13 个月后可抵扣进项税额 = 85 470.09 × 40% = 5 811.96（元）

借：固定资产——设备　　　　　　　　　　　　85 470.09

　　应交税费——应交增值税（进项税额）　　　8 717.95

　　　　　　——待抵扣进项税额　　　　　　　5 811.96

　　贷：银行存款　　　　　　　　　　　　　　100 000

(5)

借：管理费用——差旅费　　　　　　　　　　　2 600

　　贷：其他应收款——刘力　　　　　　　　　2 500

　　　　库存现金　　　　　　　　　　　　　　100

(6)

借：原材料——a 材料　　　　　　　　　　　　47 863.25

　　应交税费——应交增值税（进项税额）　　　8 136.75

　　贷：应付账款——甲公司　　　　　　　　　56 000.00

(7)

借：生产成本——基本生产成本　　　　　　　　31 515

　　贷：原材料——a 材料　　　　　　　　　　31 515

(8)

借：生产成本——基本生产成本（人工费）　　　31 200

　　制造费用——工资　　　　　　　　　　　　6 800

　　销售费用——工资　　　　　　　　　　　　9 500

　　管理费用——工资　　　　　　　　　　　　12 000

　　贷：应付职工薪酬——工资　　　　　　　　59 500

(9)

借：制造费用——水电费　　　　　　　　　　　8 200

　　　　　　——办公费　　　　　　　　　　　1 500

　　贷：银行存款　　　　　　　　　　　　　　9 700

(10)

借：管理费用——办公费　　　　　　　　　　　600

贷：库存现金		600

(11)

借：生产成本——基本生产成本		16 500
贷：制造费用		16 500

(12)

借：库存商品——A产品		79 215
贷：生产成本——A产品		79 215

(13)

借：银行存款		121 260.00
贷：主营业务收入		103 641.03
应交税费——应交增值税（销项税额）		17 618.97

(14)

借：主营业务成本		77 121.36
贷：库存商品——A产品		77 121.36

(15)

借：税金及附加		150
贷：应交税费——应交印花税		150

(16)

借：应交税费——应交增值税		764.27
贷：应交税费——未交增值税		764.27

(17)

应交城市维护建设税 = 764.27 × 5% = 38.21（元）

应交教育费附加 = 764.27 × 3% = 22.93（元）

应交地方教育附加 = 764.27 × 2% = 15.29（元）

借：税金及附加		76.43
贷：应交税费——应交城市维护建设税		38.21
——应交教育费附加		22.93
——应交地方教育附加		15.29

(18)

结转收益类：

借：主营业务收入		103 641.03

  贷：本年利润   103 641.03

结转损益类：

 借：本年利润   102 047.79

  贷：主营业务成本   77 121.36

    管理费用   15 200.00

    销售费用   9 500.00

    税金及附加   226.43

(19)

本年利润 = 103 641.03 - 102 047.79 = 1 593.24（元）

应交所得税 = 1 593.24 × 25% = 398.31（元）

 借：所得税费用   398.31

  贷：应交税费——应交企业所得税   398.31

(20)

 借：本年利润   398.31

  贷：所得税费用   398.31

3. 因为本月购买的固定资产，下月才能计提折旧。

4. 下一步计提盈余公积。

 借：利润分配——提取法定盈余公积   25 029

  贷：盈余公积——法定盈余公积   25 029

5. 逐项计算需要调整的纳税所得额：

（1）预缴的所得税 13 172 元，需要调增。

（2）允许税前抵扣的招待费：

56 600 × 60% = 33 960（元）

1 936 200 × 5‰ = 9 681（元）

应该调增：56 600 - 9 681 = 46 919（元）

（3）允许税前抵扣的广告费：

1 936 200 × 15% = 290 430（元）

没有超标。

（4）允许税前抵扣的福利费：

513 700 × 14% = 71 918（元）

没有超标。

本年度应纳税所得额 = 29 437 + 13 172 + 46 919 = 89 528（元）

应纳所得税额 = 89 528 × 25% = 22 382（元）

应补交所得税 = 22 382 – 13 172 = 9 210（元）

要领三　账簿登记

1. （略）
2. （略）
3. 丁字账（见附表1–1）：

附表1–1　　　　　　　　　丁字账

库存现金	
3 500.00	2 500.00
	100.00
	600.00
3 500.00	3 200.00

银行存款	
300 000.00	3 500.00
121 260.00	100 000.00
	9 700.00
421 260.00	113 200.00

库存商品	
79 215.00	77 121.36
79 215.00	77 121.36

原材料	
47 863.25	31 515.00
47 863.25	31 515.00

其他应收款	
2 500.00	2 500.00
2 500.00	2 500.00

固定资产	
85 470.09	
85 470.09	

应交税费	
14 529.91	17 618.97
8 136.75	150.00
764.27	764.27
	76.43
	398.31
23 430.93	19 007.98

应付账款	
	56 000.00
	56 000.00

应付职工薪酬		实收资本	
	59 500.00		300 000.00
	59 500.00		300 000.00

主营业务收入		主营业务成本	
103 641.03	103 641.03	77 121.36	77 121.36
103 641.03	103 641.03	77 121.36	77 121.36

制造费用		生产成本	
6 800.00	16 500.00	31 515.00	79 215.00
9 700.00		31 200.00	
		16 500.00	
16 500.00	16 500.00	79 215.00	79 215.00

税金及附加		所得税费用	
150.00	226.43	398.31	398.31
76.43			
226.43	226.43	398.31	398.31

销售费用		管理费用	
9 500.00	9 500.00	2 600.00	15 200.00
		12 000.00	
		600.00	
9 500.00	9 500.00	15 200.00	15 200.00

本年利润	
102 047.79	103 641.03
398.31	
102 446.10	103 641.03

4. 科目汇总表（见附表1-2）：

附表1-2　　　　　　　　　科目汇总表

会计科目	借方发生额	贷方发生额	借方余额	贷方余额
库存现金	3 500.00	3 200.00	300.00	
银行存款	421 260.00	113 200.00	308 060.00	
其他应收款	2 500.00	2 500.00		
原材料	47 863.25	31 515.00	16 348.25	
库存商品	79 215.00	77 121.36	2 093.64	
固定资产	85 470.09		85 470.09	
应付账款		56 000.00		56 000.00
应付职工薪酬		59 500.00		59 500.00
应交税费	23 430.93	19 007.98	4 422.95	
实收资本		300 000.00		300 000.00
生产成本	79 215.00	79 215.00		
制造费用	16 500.00	16 500.00		
主营业务收入	103 641.03	103 641.03		
主营业务成本	77 121.36	77 121.36		
税金及附加	226.43	226.43		
管理费用	15 200.00	15 200.00		
销售费用	9 500.00	9 500.00		
所得税费用	398.31	398.31		
本年利润	102 446.10	103 641.03		1 194.93
合　计	1 067 487.50	1 067 487.50	416 694.93	416 694.93

第三板斧　报账

要领三　现金流量

资产负债表（见附表1-3）：

附表1-3 资产负债表

编制单位：三板斧制造有限公司　　20××年5月31日

会小企01表　单位：元

资产	行次	期末余额	年初余额	负债和所有者权益	行次	期末余额	年初余额
流动资产：				流动负债：			
货币资金	1	308 360.00		短期借款	31		
短期投资	2			应付票据	32		
应收票据	3			应付账款	33	56 000.00	
应收账款	4			预收账款	34		
预付账款	5			应付职工薪酬	35	59 500.00	
应收股利	6			应交税费	36	1 389.01	
应收利息	7			应付利息	37		
其他应收款	8			应付利润	38		
存货	9	18 441.89		其他应付款	39		
其中：原材料	10	16 348.25		其他流动负债	40		
在产品	11	2 093.64		流动负债合计	41	116 889.01	
库存商品	12			非流动负债：			
周转材料	13			长期借款	42		
其他流动资产	14			长期应付款	43		
流动资产合计	15	326 801.89		递延收益	44		
非流动资产：				其他非流动负债	45		
长期债券投资	16			非流动负债合计	46		
长期股权投资	17			负债合计	47	116 889.01	
固定资产原价	18	85 470.09					
减：累计折旧	19						
固定资产账面价值	20	85 470.09					
在建工程	21						
工程物资	22						
固定资产清理	23						
生产性生物资产	24			所有者权益（或股东权益）：			
无形资产	25			实收资本（或股本）	48	300 000.00	
开发支出	26			资本公积	49		
长期待摊费用	27			盈余公积	50		

续表

资产	行次	期末余额	年初余额	负债和所有者权益	行次	期末余额	年初余额
其他非流动资产	28	5 811.96		未分配利润	51	1 194.93	
非流动资产合计	29	91 282.05		所有者权益（或股东权益）合计	52	301 194.93	
资产总计	30	418 083.94		负债和所有者权益（或股东权益）总计	53	418 083.94	

单位负责人：　　　　财会负责人：　　　　复核：　　　　制表：秦 兵

利润表（见附表1-4）：

附表1-4　　　　　　　利　润　表

会小企02表

编制单位：三板斧制造有限公司　　　　20××年5月　　　　单位：元

项　目	行次	本年累计金额	本月金额
一、营业收入	1		103 641.03
减：营业成本	2		77 121.36
税金及附加	3		226.43
其中：消费税	4		
城市维护建设税	5		38.21
资源税	6		
土地增值税	7		
城镇土地使用税、房产税、车船税、印花税	8		150.00
教育费附加、矿产资源补偿费、排污费	9		38.22
销售费用	10		9 500.00
其中：商品维修费	11		
广告费和业务宣传费	12		
管理费用	13		15 200.00
其中：开办费	14		
业务招待费	15		
研究费用	16		
财务费用	17		
其中：利息费用（收入以"－"号填列）	18		

续表

项　目	行次	本年累计金额	本月金额
加：投资收益（损失以"-"号填列）	19		
二、营业利润（亏损以"-"号填列）	20		1 593.24
加：营业外收入	21		
其中：政府补贴	22		
减：营业外支出	23		
其中：坏账损失	24		
无法收回的长期债券投资损失	25		
无法收回的长期股权投资损失	26		
自然灾害等不可抗力因素造成的损失	27		
税收滞纳金	28		
三、利润总额（亏损总额以"-"号填列）	29		1 593.24
减：所得税费用	30		398.31
四、净利润（净损失以"-"号填列）	31		1 194.93

单位负责人：　　　财会负责人：　　　复核：　　　制表：秦　兵

现金流量表（见附表1-5）：

附表1-5　　　　　　　　现金流量表

会小企03表

编制单位：三板斧制造有限公司　　20××年5月　　　　　　单位：元

项　目	行次	本期累计金额	本月金额
一、经营活动产生的现金流量：			
销售产成品、商品、提供劳务收到的现金	1		121 260.00
收到其他与经营活动有关的现金	2		
购买原材料、商品、接受劳务支付的现金	3		9 700.00
支付的职工薪酬	4		
支付的税费	5		
支付其他与经营活动有关的现金	6		3 200.00
经营活动产生的现金流量净额	7		108 360.00
二、投资活动产生的现金流量：			
收回短期投资、长期债券投资和长期股权投资收到的现金	8		
取得投资收益收到的现金	9		

续表

项　　目	行次	本期累计金额	本月金额
处置固定资产、无形资产和其他非流动资产收回的现金净额	10		
短期投资、长期债券投资和长期股权投资支付的现金	11		
购建固定资产、无形资产和其他非流动资产支付的现金	12		100 000.00
投资活动产生的现金流量净额	13		-100 000.00
三、筹资活动产生的现金流量：			
取得借款收到的现金	14		
吸收投资者投资收到的现金	15		300 000.00
偿还借款本金支付的现金	16		
偿还借款利息支付的现金	17		
分配利润支付的现金	18		
筹资活动产生的现金流量净额	19		300 000.00
四、现金净增加额	20		308 360.00
加：期初现金余额	21		
五、期末现金余额	22		308 360.00

单位负责人：　　　　　财会负责人：　　　　　复核：　　　　　制表：秦　兵

附录二

小企业、微型企业划型标准

见附表 2-1。

附表 2-1　　小企业、微型企业划型标准一览表

行业	企业类型	营业收入	从业人员	资产总额
农、林、牧、渔业	小型	50 万~500 万元		
	微型	50 万元及以下		
工业	小型	300 万~2 000 万元	20~300 人	
	微型	300 万以下	20 人以下	
建筑业	小型	300 万~6 000 万元		300 万~5 000 万元
	微型	300 万以下		300 万元以下
批发业	小型	1 000 万~5 000 万元	5~20 人	
	微型	1 000 万元以下	5 人以下	
零售业	小型	100 万~500 万元	10~50 人	
	微型	100 万元以下	10 人以下	
交通运输	小型	200 万~3 000 万元	20~300 人	
	微型	200 万元以下	20 人以下	
仓储业	小型	100 万~1 000 万元	20~100 人	
	微型	100 万元以下	20 人以下	
邮政业	小型	100 万~2 000 万元	20~300 人	
	微型	100 万元以下	20 人以下	
住宿业	小型	100 万~2 000 万元	10~100 人	
	微型	100 万元以下	10 人以下	
餐饮业	小型	100 万~2 000 万元	10~100 人	
	微型	100 万元以下	10 人以下	

续表

行业	企业类型	营业收入	从业人员	资产总额
信息传输业	小型	100万~1 000万元	10~100人	
	微型	100万元以下	10人以下	
软件和信息技术服务业	小型	50万~1 000万元	10~100人	
	微型	50万元以下	10人以下	
房地产开发经营	小型	100万~1 000万元		2 000万~5 000万元
	微型	100万元以下		2 000万元以下
物业管理	小型	500万~1 000万元	100~300人	
	微型	500万元以下	100人以下	
租赁和商务服务业	小型		10~100人	100万~8 000万元
	微型		10人以下	100万元以下
其他行业	小型		10~100人	
	微型		10人以下	

注：其中："工业"包括采矿业，制造业，电力、热力、燃气及水生产和供应业；"交通运输业"不含铁路运输业；"信息传输业"包括电信、互联网和相关服务；"其他行业"包括科学研究和技术服务业，水利、环境和公共设施管理业，居民服务、修理和其他服务业，社会工作，文化、体育和娱乐业等。

再说几句

会计技法我已经毫无保留地传授给你了，在你合上本书之前我想再说几句。

在这里，我教你记账、算账、报账，这些是会计的基本技能，必须掌握。此外，会计还应该是多面手。看看会计职称考试科目，你就知道应该掌握哪些内容了。懂财务、税务不会财务管理的是初级会计，懂财务、税务又会财务管理的是中级会计，懂财务、税务又会财务管理还能制定财务战略的是高级会计。社会上最多的是初级会计，最受欢迎的是中级会计，最缺少的是高级会计。希望你通过这三板斧作为台阶，逐步晋级。

最后再说一句：教练领进门，功夫靠个人，加油！

段　侠
2017年3月